나의 품에 죽정은 없다

나의 꿈에 국경은 없다

김기완
전 LG전자
부사장의
글로벌
분투기

김기완 지음

한스컨텐츠

다시 열릴 세계를 기대하며

"왜 하필 지금, 이런 책을 써서 내려고 하세요?"

내가 이 책을 쓰는 중에 몇몇 지인으로부터 우려 섞인 질문을 받았다. 그들의 걱정은 충분히 이해할 만하다. 코로나19로 전 세계가 빗장을 걸었는데, 이 와중에 "세계로 나가라"고 역설하는 책을 쓰는 건 트렌드와 동떨어져 보였을 터이다.

그러나 내 생각은 다르다. 코로나가 완전히 종식되든지, 아니면 코로나와 공존하는 위드 코로나With Corona로 가든지 세계는 곧 다시 열리게 되어 있다. 당장 힘들다고 움츠러들어 아무것도 하지 않기보다는 미리 준비하는 게 훨씬 낫다. 잠시 멈춘 지금이 해외 진출을 결심하고 준비하는 데 최적의 시기라 본다. 미리 준비한 사람은 기회의 문이 열리자마자 가장 먼저 뛰어들어 선점자의 효과를 누릴 수 있기 때문이다.

한국 사회는 저성장의 침체에 빠져 있다. 도전 정신이 불타올라야 할 청년들은 이른바 '안정적인 직장'의 바늘구멍을 뚫기 위해 안간힘을 쓴다. 중소기업 경영자들과 은퇴자들도 활력이 없다. 생존하고 번영할 활로를 찾으려 애쓰지만 뾰족한 방법이 보이지 않는다. 그래서 좁은 땅에서 아웅다웅 처절한 경쟁을 벌일 뿐이다.

하지만 눈을 크게 뜨고 멀리 보면 기회를 찾을 수 있다. 세계 곳곳에서 우리를 기다리고 있다. 특히 개발도상국은 폐허의 땅에서 고도성장의 기적을 일군 한국인의 경험과 역량에서 배우고자 한다. 국내에서 경쟁하던 것처럼, 그곳에서 노력한다면 큰 성취를 이룰 수 있다. 38년간의 해외 마케팅 업무, 18년의 해외 주재원 생활, 150여 개국 방문을 통해 수많은 외국인과 현지 교포를 만나며 직접 경험으로 체득했기에 이를 확신할 수 있다.

이 책을 통해 시야가 넓어지고 생각이 바뀌어 그 멋진 기회를 만나는 사람이 나온다면 나에게는 더할 나위 없는 행복이겠다.

나에게 38년간 일터를 제공해준 LG전자. 고마움과 함께 자긍심이 사무친다. 이 원고를 먼저 읽고 조언해주며 추천사를 써주신 이원복 교수, 최양희 총장, 조성진 부회장, 신봉길 전 주인도 대사, 조현 UN 대사, 강호인 전 장관, 청년들의 해외 취업을 위해 제일선에서 뛰고 있는 드림힐 김수홍 대표께 깊은 감사의 인사를 전한다.

차 례

I

활짝 열린
기회의 창

새로운
기회가 온다

우주로 향하는 사람들

2021년 7월 11일 밤 11시 30분, 영국 버진 그룹의 리처드 브랜슨 회장이 인류 최초의 우주 상업 비행 우주선에 탑승하여 성공적인 우주여행을 마치고 귀환했다. 그는 2004년 우주 상업 비행을 목적으로 삼은 회사 버진 갤럭틱을 창업한 뒤 17년간 준비한 끝에 드디어 첫 우주 비행을 감행한 것이다. 이 이벤트를 계기로 아직 매출액조차 없는 버진 갤럭틱의 주가는 꾸준히 고공 행진을 하고 있다.

우주여행을 향한 열정이라면 리처드 브랜슨 못지않은 인물 제프 베이조스도 가만히 있을 수 없었다. 그도 브랜슨에 뒤질세라 행동에 나섰다. 제프 베이조스는 2021년 6월 7일 아마존 CEO에서 스스로 물러났다. 그리고 7월 20일 아마존의 우주 비행 기업인 '블루 오리진'의 첫 우주 비행선을 타고 리처드 브랜슨보다 더 멀리, 더 오랜 시간 우주여행을 하고 돌아왔다.

언뜻 무모하게까지 느껴지는 이들의 도전에서 무엇을 느낄 수 있을까? 이미 엄청난 부와 명예를 쌓은 전 세계적 유명 인사들이 무엇을 더 바라며 끊임없이 새로운 것에 도전할까? 도전이야말로 인간의 본질적 속성이다. 인간의 이기적인 유전자는 항상 현재보다 더 행복한 것을 추구하도록 만든다. 리처드 브랜슨과 제프 베이조스도 마찬가지다. 축적한 부와 명예를 바탕으로 여생을 즐기는 것이 주는 행복감보다 우주여행이라는 위험하고 스릴 넘치는 새로운 것에 대한 도전이 주는 행복감이 더 크다고 느꼈기 때문에 새로운 도전을 계속한다. 이렇게 인간의 도전은 지역을 넘어 국가로, 국경을 넘어 세계로, 지구를 넘어 우주로 넓어지고 있다.

넓은 시야로 기회를 보라

지금 한국의 젊은이들은 도전보다는 안정을 희구한다. 그래서 치열한 입시 전쟁을 치르고 대학을 졸업한다. 이들 중 상당수의 목표는 공무원이 되거나 대기업 또는 공기업에 취업하여 안정적인 삶을 누리는 것이다. 이를 위해 피나는 노력을 한다. 하지만 성공하는 사람들의 숫자는 날이 갈수록 줄어든다. 나는 한국의 젊은이들을 볼 때마다 안타까운 심정이다. 이 젊은이들이 국내에서 하는 똑같은 노력을 외국에서 한다면 성공할 확률이 훨씬 더 크다고 믿기 때문이다.

한국은 뛰어난 나라다. 전 세계가 코로나19로 신음하고 기후변화로 지구촌 곳곳에서 폭염과 폭우 같은 이상기후 현상으로 고통을 겪고 있다. 한국이라고 예외는 아니지만 이에 대응하는 역량과 시스템이 상대적으로 뛰어남을 체감하게 된다. 대한민국이 선진국으로 올라섰음을 누구도 부인할 수 없을 것이다. 이 선진적 능력을 발휘할 기회를 국경 밖에서 찾으면 된다.

프로세스와 시스템이 발전한 대기업에서 근무하다가 중소기업으로 전직한 사람의 경우를 생각해보자. 그들 중에는 성공한 사람이 드물지 않다. 그들은 자신이 매우 유능한 사람으로 느껴진다고 한다. 비교적 쉽게 개선할 수 있는 일들도 눈에 잘 들어온다. 그래서 회사 내에서 존재 가치가 올라간다. 그들은 자신의 노력과 역량 발휘로 회사에서의 업무 성과가 가시화되는 것을 확인하는 즐거움이 크다고 한다. 이 느낌은 대기업에 근무할 때는 경험할 수 없었던 것이라고 힘주어 말한다.

선진국으로 도약한 대한민국을 떠나 외국으로 진출한 사람에게 주어진 기회도 같은 맥락에서 생각할 수 있다. 한국에서 성장하며 다양한 경험을 한 사람이 외국에 나가면 대기업에서 근무하다가 중소기업으로 옮긴 것과 같은 처지라 할 수 있다. 역량을 발휘할 계기가 잦다. 신바람도 나고 개인적 성취감도 클 것이다.

그런데 주의할 점이 하나 있다. 우리가 막연히 '외국'이라고 말할 때 은연중에 특정한 나라들을 떠올리는 태도이다. 머릿속의 외국이 미국과 유럽을 중심으로 하는 소위 '서구'로 한정된 사람들이 많다. 하지만 서구는 지구촌 인구의 10%만 사는 곳이다. 나머지 90%는 개발도상국 국민이다. 이 나라들은 중소기업 같은 곳이다. 따라서 인구 90%가 거주하는 개발도상국에 미래 성장 가능성과 다양하고 새로운 기회가 무궁무진하다는 사실을 한국의 젊은이들이 알았으면 좋겠다.

일상과 인간관계의 리셋

코로나19는 거대한 변화의 촉매와 같았다. 점진적 변화에 엄청난 속도를 붙이기도 하고 상상하지도 못했던 변화도 몰고 왔다. 심지어 전통적 가치관에도 균열과 변화를 몰고 왔다. 과거 핵심 가치로 여겨졌던 것들 중 별로 중요하지 않게 인식하게 되는 것들이 있는가 하면 그 반대의 경우도 있다. 특히 대인관계에 대한 인식의 변화는 괄목할 만한 것이다. 코로나19 방역 수단으로서의 '거리 두기'와 '격리의 의무화'는 흥미로운 파급효과를 낳았다. 보기 싫지만, 사회적 관습상 어떤 의무감으로 만날 수밖에 없었던 사람들을 만나지 않아도 되는 좋은 구실이 되어준 것이다. 반대로 거리 두기 규정이 제한적으로나마 허용하는 범위 안에서 꼭 만나고 싶은 사람들만 만나게 되면서 그들 간의 인간관계는 더욱 밀접해진다. 하지만 전체적으로는 인간관계가 더 피곤해졌다. 과거보다 더 폭넓고 복잡하게 연결된 인간관계 속에서 우리는 극심한 피로감을 느끼기도 한다. 불행한 인간관계에서 비롯된 끔찍한 사회적 범죄가 부쩍 증가하는 것은 이 피로감의 반증이 아닐까.

국경 바깥으로 나아가는 것은 인간관계 측면에서도 새로운 도전이다. 국내에서의 인간관계에 지친 사람들이 삶의 근거지를 외국으로 옮김으로써 새로운 환경 속에서 인간관계를 리셋reset할 수 있다. 그래서 긍정적인 방향으로 새롭고 바람직한 인간관계로 반전시킬 기회가 생긴다.

내가 아는 한 사람은 아내와 본가 어머니 사이가 좋지 않아 괴로워했었다. 그는 두 사람을 화해시키기 위해 무척 노력하였다. 그러나 개선의 여지가 보이지 않았다. 늘 갈등 속에서 살아야만 했다. 그는 과감하게 선택했다. 우즈베키스탄에 이민하여 소규모 사업체를 운영하게 되었다. 그는 경제적으로도 성공했고 때 묻지 않은 대자연의 아름다움을 만끽하는 즐거움을 느낀다고 한다. 이민후 고부간의 알력도 사라졌다. 종종 안부하면서 두 사람의 사이가오히려 우호적으로 바뀌었다고 한다. 그는 만족한 이민 생활을 즐

기고 있다. 행복이란 멘탈 컨디션mental condition이 좋은 상태를 의미
한다. 해외 진출은 멘탈 컨디션을 바꾸는 역할도 한다. 피로와 고
통, 긴장이 반복되는 상황이라면, 그 속에서 멘탈 컨디션이 나빠지
고 있다면 해외로의 이주라는 새로운 전기를 만들 방법을 진지하
게 생각해보아야 할 것이다.

당신에게
필요한 것은
용기

이미 조성된 우호적 환경

1997년 대만의 한 미디어는 '한류韓流'라는 새로운 용어를 만들어냈다. 한파주의보를 뜻하는 '한류寒流'에 빗대어 무섭게 인기를 끌던 한국 드라마의 유행을 경계하자는 뜻이었다고 한다. 그리고 한류는 전 세계에 요원의 불길처럼 번져나갔다. 〈겨울연가〉, 〈대장금〉 등의 드라마를 시작으로 아이돌 그룹의 노래와 춤이 가세하면서 폭발적으로 성장했다. 그리고 싸이의 〈강남스타일〉로 한류가 정점을 찍는가 싶더니, BTS가 등장하여 비틀스를 능가하는 인기를 누렸다. 동요 동영상 〈아기상어〉는 47억 뷰를 기록했다.

영화계도 이에 뒤질 수 없었다. 〈기생충〉이 2020년 10월 오스카 작품상을 받았고, 그다음 해에는 〈미나리〉의 윤여정이 여우주연상을 거머쥐었다. 한류는 질풍노도라는 표현이 어울릴 정도로 거침없이 세계를 휩쓸고 있다. 우리는 한류의 세계 정복 역사의 한가운데에서 사는 듯하다. 세계 최대 영화 제작·배급 회사인 넷플릭스는 이러한 한류를 적절히 이용하여 한국 역사를 모티브로 한 영화 〈킹덤〉을 직접 제작하기에 이르렀다. 실로 엄청난 일이다.

한류 열풍이 식을 줄 모르고 전 지구촌의 심금을 울리는 이유는 무엇일까? 나는 이것이 우리 민족의 원형적 속성에서 비롯되었다고 생각한다. 한국인의 유전자에는 상대방의 심정을 깊이 헤아리고 그것을 감동적으로 자극하는 탁월한 능력이 내재한 것 같다. 그리고 일상에서 예술을 즐길 줄 안다. 중국 고대 역사서인 『삼국지』 「위지동이전」에도 우리 조상들이 노래와 춤을 즐겼다는 기록이 있을 정도다. 고대 중국인들이 보기에도 가무에 탁월한 우리 조상들이 무척 인상적이었던 모양이다.

한국인 특유의 잠재 능력을 재미를 발굴하고 창조하는 분야에 접목한 것이 한류가 아니겠는가. 공감 능력과 예술적 성향을 인류의 가장 오래된 소비재인 음악과 춤 그리고 창작극(연극과 영화)에 녹여낸 것이다.

한류는 해외 진출을 고려하는 사람에게 두 가지 시사점을 준다. 첫째, 한국인은 개인적 능력이나 국가 역량 모두에서 외국에 진출하여 성공할 기초를 다졌음을 확인해준다. 해외에 진출하여 성공할 자격과 가능성이 충분하다는 말이다. 둘째, 전 세계 곳곳에 침투한 한류가 한국인에 대한 우호적 이미지를 조성하였다. 한국인은 과거보다 훨씬 유리한 조건에서 외국에 진출할 수 있게 되었다.

외국의 고위 정부 관리와 기업체 임원들은 처음에는 한류에 대해 잘 모르고 큰 관심을 두지 않는다. 그러다 자기 자녀들이 한국 아이돌 그룹의 노래를 따라 부르고 춤을 배워 추는 걸 보고 차츰 관심을 두게 된다. 그러면서 자연스럽게 한국에 대한 친근감과 우호적인 마음이 생겨난다. 나는 이러한 과정을 여러 차례 경험했다. 한류의 힘은 실로 대단한 것이었다.

한류에서 배운다

해외로 진출하여 성공하고자 하는 한국인들은 한류의 성공에서 배워야 한다. 상대방의 마음을 이해하고 그를 감동시키는 한국인 특유의 배려심을 끌어내는 것이 첫 번째이다. 이러한 배려심이 몸에 배도록 생활 습관화하여 외국인들을 대하면 그들을 심정적 우군으로 만들 수 있다. 그리고 어떤 일을 하더라도 성공에 필요한 주위의 우호적 이해와 협조를 얻어낼 수 있을 것이다. 이와 함께 영어와 해당국의 언어를 평소에 꾸준히 학습하여 의사소통에 불편함이 없도록 하는 것이 해외 진출의 기본적인 준비 사항이다.

외국인들은 한류뿐만 아니라 한국적인 수많은 것들을 높이 평가한다. 그들은 한국 음식과 한복, 한옥을 좋아한다. 더 나아가 한국인들의 의리와 정情을 매우 고상한 가치로 받아들이고 선망하기까지 한다. 그러므로 그들을 대할 때 의리와 정을 표현하면 적극적인 지원과 협조를 뜻밖에 많이 받을 수 있을 것이다.

관점과 기준을 바꾸어라

"한국인이 국경을 넘어 세계로 나가기 위해 무엇을 필수적으로 준비해야 하느냐?"고 누군가 물을 때면 나는 주저함 없이 대답한다. "국내에서 처절하게 경쟁하는 것이 최선의 길이라고 생각하는 당신의 관점과 기준을 바꾸기만 하면 된다."

국내에 머물면서 그 안에서 치열하게 경쟁하면서 사는 것을 당연하게 여기는 인식을 바꾸어야 한다. 생각이 바뀌면 행동이 바뀐다. 의지를 다지며 구체적인 준비를 하게 된다. 관점과 기준을 바꾸는 것이야말로 해외 진출의 전제이자 모든 것이다. 그러려면 용기가 필요하다. 훌륭한 조상으로부터 물려받은 우수한 DNA를 해외에서 마음껏 펼칠 수 있을 것이라는 자신감을 품어야 한다.

정부 차원에서도 세계로 나가려는 젊은이들을 지원한다면 금상첨화일 것이다. 초기 정착 자금을 지원하는 방안을 생각해볼 수 있다. 지금처럼 청년 수당, 실업 수당 등 일시적 용돈 수준의 금전적 지원을 하기보다는 해외 진출의 뜻을 품은 젊은 세대가 좀 더 용기를 내고 도전할 수 있도록 제도적·재정적 지원을 하면 좋겠다. 그것이 고질적 취업난을 해결하는 가장 효과적인 방법이기도 하다.

편견을
벗어라

인간은 편견의 동물

　제인 오스틴의 걸작 소설 『오만과 편견』의 여주인공 엘리자베스는 자신을 좋아하는 다아시를 경계한다. 그에 대해 편견이 존재했기 때문이다. 처음에는 다아시가 오만한 성격을 지닌 인물이라 여기고 반감을 품게 되어 그의 청혼을 거절한다. 그런데 나중에는 다아시가 엘리자베스 가족들을 위해 남모르는 노력을 하고 있음을 알게 된다. 엘리자베스 집안은 다아시의 도움으로 위기에서 벗어나기도 한다. 결국 엘리자베스는 다아시에 대한 편견에서 벗어나 그를 사랑하게 된다.

『오만과 편견』의 줄거리처럼 인간은 다양한 종류의 크고 작은 편견에 사로잡혀서 살아간다. 엘리자베스처럼 편견을 극복한다면 다행이지만, 끝끝내 편견을 털어내지 못하기도 한다. 이러한 편견은 뼈아픈 실패와 후회를 부를 수도 있다.

한국인들의 외국에 대한 편견

한국인들은 외국에 대해 뿌리 깊고 공고한 편견을 지니고 있다. 먼저 '외국'이라는 대상 자체에 대해 편견을 지녔다. 앞에서도 잠깐 이야기했듯이, 한국인들에게 외국이란 지구촌 인구의 10%가 사는 미국과 유럽 중심의 서구이다. 그 외국은 우리나라보다 더 살기 좋은 곳이고, 외제는 국산품보다 우수할 것이라고 여긴다. 더 나아가 내가 진출해야 할 외국도 서구 지역에 한정시킨다.

한국인들의 해외에 대한 지식과 정보는 사실상 그 10% 지역에 대한 것이 대부분이다. 해외의 대부분을 차지하는 나머지 90%에 대한 이해도는 매우 낮다. 이것을 인정해야 한다. 편견에 얽매이지 않고 "해외로 진출하여 내 꿈을 펼치기에 어느 국가가 좋을까?"라는 질문을 던져야 한다. 이 질문에 답을 찾기 위해서는 그 지역의 장래성, 문화적 현지 적응 가능성, 진출에 필요한 초기 투자 규모, 성공할 확률 등 여러 가지 기준을 심층적으로 분석하고 평가하는 과정이 필요하다. 그 후에 종합적으로 최종 결정을 해야 할 것이다.

나는 지난 40여 년간 150여 나라를 방문했다. 그 경험으로 알게 된 사실은 우리의 기대와는 다르다. 한국인이 진정한 외국으로 여기며 선호하는 선진국에서는 우리를 그다지 반기지 않는다는 것이다. 그곳들에서는 한국인들의 진출을 필요로 하는 분야가 매우 제한적이다. 그들 국가는 첨단 신기술에 뛰어난 역량을 가진 엘리트 엔지니어들을 선호하고 다른 일반 인력은 원하지 않는다. 대부분의 제도와 산업이 안정적으로 구축된 선진국에서는 일반적인 한국인들의 역량이 환영받을 만한 분야가 매우 제한적이다.

수많은 개발도상국은 선진국과 상황이 다르다. 우리나라보다 수준이 낮은 개발도상국들은 한국과 한국인으로부터 배우려고 한다. 지난 70년간의 경이로운 경제 성장과 사회 발전 과정에서 한국인들이 체득한 경험과 노하우를 매우 높게 평가한다. 그것을 배우고 자신의 것으로 흡수하려는 열망이 대단히 강하다. 거기에 한국 드라마와 아이돌 그룹의 K팝을 근간으로 하는 한류 열풍이 번져서 정서적으로 한국에 대한 우호적인 분위기가 형성되어 있다. 이는 한국인들에게만 덤으로 주어지는 특별 혜택이다.

외국을 여행하며 공항에 도착하여 입국 절차를 밟을 때면 입국 수속 카운터에 근무하는 담당 공무원들과 접촉해야 한다. 그런데 이들이 한국인을 대하는 태도는 선진국과 개발도상국이 극적으로 다르다. 선진국에서는 마치 범죄 혐의자 조사하듯 질문하는 경우가 종종 있어 불쾌감이 일어나기도 한다. 그러나 개발도상국 입국 카운터 공무원들은 "오, 코리아!"라고 하면서 반가움을 표시한다. 자신이 알고 있는 한국 드라마 주인공 이름이나 K팝 가수 이름을 말하면서 친근감을 드러내고 자기 나라에 온 것을 환영해준다. 도착 순간부터 기분이 좋고 왠지 우쭐해지는 기분이 든다.

개발도상국을 다시 보라

친지나 친구 등 가까운 사람 중에 선진국으로 이민한 이들을 떠올려보자. 그들 중에 한국에서보다 더 풍요롭고 만족한 삶을 살아가는 사람이 얼마나 되는가? 주관적 가치에 따라 다르겠지만, 경제적 측면만 놓고 보면 극적 반전을 이룬 사람이 많지 않을 것이다. 심지어 미국에서 의사나 변호사 등의 전문직으로 활동하는 사람들조차 별로 풍족하지 못한 생활을 하는 경우가 뜻밖에 많다. 고소득이라도 세금으로 다 떼어가기 때문이다.

반면에 개발도상국으로 이민을 간 사람 중에서는 비약적인 성공 케이스를 드물지 않게 찾을 수 있다. 현지 지역 유지로 영향력을 끼치며 대궐 같은 저택에서 풍요로운 삶을 영위하는 경우가 적지 않다. 개발도상국에 이민하여 성공한 사람들의 경험담에 귀 기울여보자. 그들은 자신이 진출한 곳에서는 한국에서 20~30년 전에 겪었던 상황들이 현재 진행형임을 알게 된다고 한다. 무엇을 어떻게 하면 성공할 것인지를 경험적으로 알고 있으며, 거기에 필요한 일을 하니 크게 성공하게 되었다고 말한다. 이들은 모범 답안지를 보고 문제를 푸는 셈이다.

인생의 반전을 원하는 한국인들에게 당부한다. 특히 취업을 고민하는 젊은이들에게 부탁한다. 좁디좁은 경로에 자신의 삶을 묶어두지 말자. 국내에서 명문 대학에 가기 위해, 공무원이 되기 위해, 대기업이나 공기업에 들어가기 위해 피비린내 나는 경쟁에 몰입하지 말라. 다양한 가능성이 기다리는 해외로도 눈을 돌려보자. 한 번쯤은 과감하고 진지하게 검토해보라.

물론 리스크도 존재한다. 하지만 인생은 리스크 그 자체이다. 우리는 교통사고 위험이 도사리는 도로에서 운전하고, 대형 참사가 일어날지도 모르는 상황을 감내하고 비행기를 탄다. 예기치 않은 불행이나 좌절이 전혀 없을 수는 없다. 그것을 감내하고 수용할 수 있는 역량과 의지를 갖고 참고 살면 될 것이다.

위기와 고통이 없는 인생은 건조하다. 녹지에 햇볕만 내리쬐면 사막이 된다. 폭우와 폭염을 견뎌야 아름다운 녹지를 유지할 수 있다. 그 찬란한 위험과 기회가 공존하는 곳으로 당신을 초대한다.

어디가 온탕이고
어디가 냉탕인가?

외교관들이 선호하는 나라는?

앞에서 도발적인 이야기를 던졌다. 한국인들이 이민하여 살고 싶은 나라는 보통의 한국인들을 원하지 않으며, 성공 가능성도 적다. 반면에 한국인들이 편견을 지니고 진출을 피하는 개발도상국들은 한국인들을 원하며, 이곳에서 성공을 이룰 가능성도 크다. 나는 이런 취지의 이야기를 자주 하는데, 이 말을 듣던 사람들은 고개를 끄덕이다가도 "그래도 선진국이 살기가 좋을 텐데…"라고 반문하곤 한다. 과연 그럴까? 그렇다면 여러 나라를 돌아가며 체류하는 외교관들이 어떻게 느끼는지를 알아보자.

재외 공관에 근무하는 외교관들은 선진국과 후진국을 돌아가며 순환 근무를 한다. 그들의 은어로 "온탕 한 번, 냉탕 한 번" 번갈아가면서 임지를 부여받는 것이다. 외교관들이 온탕을 선호하는 건 당연하다. 그런데 실제 내용 면에서는 온탕과 냉탕이 반대일 때가 잦다고 한다.

주방글라데시 한국 대사관에 근무하다가 주영국 한국 대사관으로 이동하여 근무한 경험이 있는 어떤 외교관은 뜻밖의 이야기를 들려주었다. 그는 방글라데시에서는 넓은 저택에서 여러 명의 가사 도우미의 지원을 받으며, 외교관으로서 다양한 특별 혜택을 누리고 정부 고위 관리와 유력 인사들을 쉽게 만나는 등 초상류 사회의 삶을 살았다고 한다. 그러나 영국에 부임하면서 삶의 질이 떨어졌다고 말했다. 작은 집에 살아야 하며 가사 도우미나 운전기사는 꿈같은 이야기였다. 직접 집안일을 챙기고 운전을 해야 했다. 외교관에 대한 혜택도 별로 없었다. 거기다 물가가 비싸서 실질적으로 누리는 혜택은 냉탕이라는 방글라데시보다 훨씬 못하더라는 것이다.

개인 역량을 펼칠 기회가 많은 개발도상국

기업 활동도 마찬가지다. 선진국은 치열한 경쟁 상황이다. 고도의 프로세스와 시스템에 의해 빈틈없이 작동한다. 인간적인 판단과 능력에 따른 주관적 융통성이 적용될 여지가 매우 제한적이다. 다소 기계적이며 수동적으로 현지의 엄격한 규정을 준수하면서 활동해야 한다. 따라서 개인적 역량이나 차별적 노력에 의한 성과 창출을 할 기회가 개발도상국보다 상대적으로 적다. 반면에 개발도상국은 매우 역동적이다. "후진국에서는 되는 것도 없고 안 되는 것도 없다"라는 말이 있지만, 본인의 노력에 따라 안 되는 것이 없는 곳으로 만들 수도 있다. 따라서 받아들이기에 따라서 개발도상국은 매력적인 곳, 이른바 온탕으로 볼 수도 있다.

그런데 요즘 젊은이들은 고생을 두려워하지 않고 미지의 세계에 도전하는 성향이 과거보다 줄어든 것 같다. 모험을 즐기고 도전하기보다는 안정적이며 소소한 즐거움을 추구하는 것 같다. 안타까운 현상이다. 그러나 이 시대의 젊은이들을 탓할 일이 아니다. 변화된 사회의 자연스러운 반영이기 때문이다. 고도성장 과정을 거쳐온 기성세대는 역동적 보상을 누렸다. 모험과 도전에 대한 의미 있는 대가도 주어졌다. 사방이 꽉 막힌 듯한 저성장기를 사는 젊은이들은 이와 다르다. 역동적 도전과 보상을 경험하지 못했다. 그들은 이른바 저출산, 저성장, 저금리의 3저 현상이 '뉴노멀'로 굳어진 세상을 살아가야 한다. 시스템이 정착된 저성장기의 대한민국을 사는 젊은이들에게 새로운 도전을 강요한다면, '하이 리스크high risk 로우 리턴low return'을 받아들이라고 윽박지르는 셈이다.

이 현실은 역설적이다. 닫힌 기회의 울타리 바깥에 열린 기회의 드넓은 공간이 있기 때문이다. 한국의 젊은이들이 국경이라는 울타리 안에만 머물러야 한다면 현재의 안정 희구 성향은 이 시대의 운명이 될 것이다. 하지만 모험을 감수하고 도전할 곳이 존재한다. 그곳은 우리보다 먼저 시스템을 만든 선진국이 아니라 우리가 거쳐온 세월을 쫓아오는 개발도상국일 가능성이 크다.

실속 있는 선택의 길

안전과 안락을 선택하는 것은 자연스럽고 편하다. 그 나름대로 괜찮다. 익숙한 곳에서 안정된 자리를 차지할 수 있다면 말이다. 국내도 좋고 한국보다 더 안전하고 안락하게 보이는 선진국을 고집하는 것도 이해할 만하다. 그런데 그 선택에는 극적 변화와 성장은 존재하지 않는다.

안전한 곳을 고집한다면 우리는 그곳에서 저평가를 받을 것이다.

2021년 초, 아시아인 혐오 현상이 미국 사회를 뜨겁게 달구었다. 그런 일이 유럽에서는 번지지 않을까? 선진국에서는 아시아인을 멸시하고 증오하는 경향이 현실로 존재한다. 굳이 그런 푸대접을 받아야 할 이유가 있을까?

대부분의 개발도상국에서 한국인의 가치는 선진국에서와는 근본적으로 다르다. 한국은 그들의 바람직한 미래이며 한국인은 그들의 롤모델이다. 그들은 한국을 존중하며 한국인에 대해 우호적이다. 무엇인가 배우려고 노력한다. 개발도상국들에서 한국어 학습 열풍이 강하게 퍼지고 있는 점은 그 증거 중 하나이다.

옛말에 "큰일을 도모할 때는 천시天時, 지리地利, 인화人和가 맞아야 성공할 수 있다"고 했다. 천시는 타이밍으로, 지리는 여건이나 환경으로 해석할 수 있다. 그리고 인화는 도전적 정신과 태도, 의지로 해석할 수 있다. 한국은 글로벌 경영의 주체로서 우뚝 서기 위한 천시와 지리는 갖추었으나 인화가 부족해 보인다. 변화를 갈구하는 사람들, 드라마틱한 성장의 주인공이 되고 싶은 사람들은 인화의 자질을 갖추어야 한다. 편견과 두려움을 벗고 호연지기로 무장하면 된다. 눈을 크게 뜨고 바깥세상을 보자. 그곳을 향해 야생마처럼 질주하자. 세계는 넓고 할 일은 많다!

학업 성적
상위 1%가 창출하는
부가가치

보장된 인생

현재 우리나라 고등학교 교육 체계는 문·이과를 통합하는 방향
으로 가고 있다. 바람직한 현상이라고 본다. 과거 교육 체계에서는
고등학교 2학년에 진급하면서 문과와 이과로 나뉘어 공부하도록
했다. 따라서 문·이과 중 무엇을 선택하느냐에 따라 진로가 나뉘
었다.

그렇다면 문·이과 고등학생 중 성적 상위 1%의 수재들은 어떤
삶을 살게 되었을까? 현실은 다양하지만, 전형적인 사례를 중심으
로 매우 단순하게 정리해보자. 문과 상위 1%는 명문대 법대에 진

학했다. 그리고 사법시험에 통과한 후 판사, 검사, 변호사의 길을 걸었다. 이과 상위 1%는 의과대학 졸업 후 의사가 되는 게 일반적이었다. 한국 사회에서 법조인과 의사들은 사회적 지위와 경제적 안정을 보장받기 때문이다.

그런데 법조인과 의사가 된 수재들이 사회에 창출하는 가치의 크기는 얼마나 될까? 계량화하기 불가능하지만, 언뜻 드는 느낌으로는 그들이 가진 능력과 누리는 혜택에 비하면 그리 크지 않은 것 같다. 4차 산업혁명, 유니콘 기업, 바이오 혁명, '방탄소년단' 등의 아이돌, 영화 〈기생충〉과 〈미나리〉 등이 한국 경제와 산업, 국가 이미지를 획기적으로 상승시킨 데 비해 법조인과 의료인의 기여도가 상대적으로 미약한 것처럼 느껴지기 때문이다.

오히려 학창 시절 중하위권의 학업 성적을 기록하며 두각을 나타내지 못했던 사람들이 남다른 창의력과 성실성으로 다양한 분야에서 탁월한 성공 사례를 보여주기도 한다. 왜 그럴까? "학창 시절 모범생이 사회에 나와서는 열등생이 될 수도 있다"라는 말이 있는데, 이 표현이 내포하는 메시지는 무엇일까? 나는 '도전'에서 그 해답을 찾는다.

학창 시절 성적이 우수하고 품행이 모범적인 학생은 부모님과 학교 선생님의 말씀을 비판 없이 잘 듣는 사람이다. 이들은 우수한 지능을 타고났고 성실과 인내의 유전자가 우월하다. 그래서 성공적으로 법조인이 되고 의사가 된다. 그런데 이들은 모든 사람이 선망하는 직업을 평생 보장받게 되므로 더는 새로운 도전을 하거나 모험적인 노력을 할 필요가 줄어든다. "가난과 역경이 발명과 창조의 어머니이고 그것이 성공의 모태가 된다"는 교훈이 옳다면, 좋은 직업을 거머쥔 이들에게는 더 이상의 가난과 역경이 없으므로 새로운 것을 발명하고 모험적인 도전을 할 동기가 줄어드는 것이다. 적어도 대한민국 영토 안에서는 그렇다는 점을 부인할 수 없다.

해외로 눈을 돌릴 때 일어나는 변화

장부에 드러난 숫자만으로 법조인과 의사의 노고를 폄훼하려는 의도는 전혀 없다. 그들의 직무는 사회의 정의를 떠받치고 고귀한 생명과 건강을 지킨다는 측면에서 존중받고 평가받아 마땅하다. 다만 그 뛰어난 자질과 역량에 어울리는 경제적 부가가치를 거둘 수 있다면 금상첨화가 아니겠는가.

나라 밖으로 눈을 돌리면, 이 일이 가능하다. 직접 경험한 일이기에 감히 장담할 수 있다. 내가 두바이에서 LG전자 중동·아프리카 지역 대표로 근무할 때 흥미로운 현상을 접했다. 중동의 부호들이 감기만 걸려도 자가용 비행기를 타고 미국이나 유럽에 있는 병원으로 가는 것이었다. 나는 이들에게 한국의 병원들을 적극적으로 소개했다. 그리고 유력 거래선들과의 관계를 개선하고 이들이 우리 제품을 더 많이 팔도록 동기를 부여하는 데 보건·의료 분야를 잘 활용했다. 이들이 우리 회사 비용으로 한국에 있는 종합병원에서 건강검진을 받도록 하는 마케팅 활동을 전개하여 큰 호응을 얻었다.

더 나아가, 중동 지역에 우리나라 의료계가 주축이 된 병원이 생기면 좋겠다는 생각이 들었다. 그래서 서울대학교병원에 중동에 병원을 설립하여 운영하면 유망할 것이라고 제안했다. 이 제안이 받아들여져 두바이에서 1시간 30분 거리인 라스 알 카이마Ras Al Khaimah에 서울대학교병원이 개원하였다. 이 병원은 그 지역 VIP들에게 최고의 의료 기관으로 인정받았다. 한국의 이과 상위 1% 수재들이 국내에만 머물지 않고 해외로 진출하게 된 것이다.

나는 한국의 법조인들에게도 시야를 해외로 넓혀보라고 강하게 권유했으며 계기를 만들고자 노력해왔다. 중동·아프리카 지역 대표로 근무할 때는 사법연수원과 자매결연하여 사법연수원생들이 두바이에서 6개월 동안 연수를 받도록 지원했었다. 그 당시 사법연수원 부원장이었던 조근호 변호사(부산고검장과 법무연수원장을 역임한 후 퇴임하여 현재 법무법인 H&M 대표이다)와 이슬람법학회를 만들어서 후원했던 기억이 난다. 법조인의 활발한 중동 진출에 대한 내 권유를 받아들인 사람들도 있다. 배지영 변호사는 현재 이란에서 활동하고 있고 김현종 변호사는 서울과 두바이에 사무실을 둔 법무법인을 설립하여 양국을 오가면서 한국인 변호사의 우수성을 유감없이 발휘하고 있다.

한국 변호사 시장은 국내 2만여 명의 변호사들이 5조 원 남짓한 국내 시장을 놓고 치열한 경쟁을 펼치고 있다. 그런데 시야를 해외로 넓혀서 한국 기업들이 해외에서 활발히 활동하듯이 해외 법률 시장을 개척한다면 지금보다 몇 배 더 큰 부가가치를 창출할 수 있을 것이다.

99%를 위한 조언

변호사나 의사 같은 전문가가 아니어도 해외에서 부가가치를 올릴 길은 무수히 많다. 보장된 소득과 지위가 없는 보통 사람들은 오히려 더 큰 변화의 동기를 갖기 때문에 적극적으로 해외 시장의 문을 두드리게 된다. 도전 정신으로 무장한 보통 사람들은 상위 1% 수재들이 거두는 것보다 훨씬 더 큰 부가가치를 올릴 수 있다. 38년의 직장 생활 중 18년을 해외 주재원으로 근무했으며 국내 근무할 때도 빈번하게 해외 출장을 다니면서 150여 개국에서 수많은 외국인과 재외교포를 접촉한 내가 호언장담할 수 있는 사실이다.

나는 재외교포 중 '인간 승리'로 존경받을 만한 분들을 많이 만났다. 그들의 도전 정신과 그들이 창출해낸 부가가치를 떠올리면 절로 고개가 숙여진다. 베트남 전쟁에 참전했다가 종전 후 귀국하지 않고 남미나 아프리카 등지로 이민 가서 성공한 사람들의 영웅담 속에는 오늘을 살아가는 한국의 젊은이들이 반드시 배워야 할 삶의 가치가 담겨 있다고 본다.

냉혹한 현실을 말하자면, 한국에서는 우수한 성적으로 대학을 졸업해도 원하는 직장을 얻기가 어렵다. 변호사나 공인회계사 등의 전문 자격을 가진 사람도 사정이 크게 다르지 않다. 이 막막한 상황을 변화의 계기로 삼는 사람이 크게 도약할 수 있다.

절박한 위기와 퍽퍽한 현실 속에서 혁신이 일어난다. 최근 K팝의 성공 요인을 다룬 책을 읽었다. K팝의 성공은 우리가 흔히 아는 것처럼 국내에서 성공한 엔터테인먼트 회사들이 그 여세를 몰아 외국으로 진출한 과정이 아니었다. 국내 음악 시장이 극도로 위축되었을 때 활로를 찾고자 몸부림치면서 내몰리듯 외국으로 나갔다고 한다.

좁은 취업 문을 바라보며 한숨 쉬는 젊은이가 있다면, 이렇게 이야기해주고 싶다. "의사, 변호사, 대기업·공기업 정규직들을 부러워하지 마라. 그들이 국내에 갇혀서 우물 안 개구리처럼 만족하면서 살아갈 때 개발도상국들로 나가서 세계를 경영해보겠다는 꿈을 키워라."

함께 근무하던 직원이 퇴사하고 창업하겠다며, 나에게 조언을 청한 적이 있다. 그때 나는 "무조건 개발도상국 대상으로 사업을 하라"고 권했다. 그리고 "아프리카와 인도에는 태어나서 한 번도 화장을 해보지 못한 여성이 80%가 넘는다. 그들은 형편이 나아지면 예뻐지고자 하는 인간의 본능적 욕구를 충족시키기 위해 화장을 하게 될 것이다"라고 말하면서 "우수한 품질 대비 가격이 싸서 가성비가 높은 한국 화장품을 수출해보라"고 권유했다. 그는 지금 크게 성공한 기업인으로 우뚝 섰다.

아프리카 남수단에서 만난 교포 한 분은 월남전 당시 운전병으로 복무했고 종전 후에는 귀국하지 않고 아프리카로 갔다고 한다. 그는 아프리카에 주둔하는 UN군 군화를 공급하는 사업을 펼쳐서 크게 성공했다. 그리고 현지 부동산을 사들여 물류업과 유통업으로까지 사업을 확장하며 성공의 규모를 더 키웠다. 그는 지금 수단 대통령을 비롯한 정부 각료들과 친구처럼 지내고 있다.

이런 극적인 성공이 가능한 이유는 발전 단계가 다르기 때문이다. 거듭 이야기하지만, 개발도상국들은 우리나라가 과거 수십 년 전에 경험했던 것들을 지금 현재 진행형으로 겪고 있다. 따라서 그들이 앞으로 어떻게 발전해나갈 것인지에 대한 답을 한국인들은 이미 알고 있다고 보아도 된다.

방탄소년단을 비롯해 한류 열풍을 일으키고 있는 연예인들의 타고난 지적 능력이 의사나 변호사들보다 우수하다고 말할 수 없을 것이다. 그런데 그들은 용감하게 도전했고 뼈를 깎는 노력을 하여 최고의 자리에 섰다. 그들이 원했든 그렇지 않든 최선봉에서 국위를 선양하고 있다.

학창 시절 상위 1%를 차지했던 수재든, 하위권을 맴돌던 사람이든 얼마든지 기회는 있다. 기업인이나 연예인들처럼 도전한다면 대한민국이 브랜드 가치를 한 단계 더 높이며 국력을 키우는 데 크게 이바지하게 될 것이다.

미국에는
자가용 비행기가
몇 대나 있을까?

세상의 변화와 내가 연결되는 지점

미국이나 유럽 여행을 자주 다니면서 특이한 점 하나를 발견했다. 여객 항공기가 이착륙하는 대형 비행장 근처에 소규모 비행장이 여럿 존재한다는 것이다. 그 비행장들은 주로 자가용 비행기들이 이용한다. 이러한 소규모 자가용 비행기 전용 비행장이 없을 때는 대규모 여객 항공기 비행장을 이용한다. 그래서 대형 비행장 계류장에 중소형 자가용 비행기 수십 대가 있는 장면도 종종 눈에 띈다.

슈퍼 리치들의 숫자가 늘어나면서 자가용 비행기 수요가 증가했다. 인기 기종 비행기들은 주문 후 몇 년은 기다려야 할 정도라고 한다. 중고 자가용 비행기 가격도 꾸준히 오르고 있다. '나에게도 자가용 비행기를 타고 다닐 날이 올까?'라며 마냥 부러워할 일이 아니다. 이러한 현상이 의미하는 바가 무엇인지에 대해 차분히 생각하고 그 속에서 기회를 찾는 사고방식이 필요하다.

자가용 비행기가 늘어나면 조종사와 정비사 수요가 증가할 것이라는 데 주목하는 게 실용적인 발상법이다. 비행기 조종사 자격증이나 정비사 자격증이 있으면 미국이나 유럽 슈퍼 리치들의 자가용 비행기를 조종하거나 정비하는 일을 가질 수 있다는 것이다. 이것은 당연히 고수익 직업이다. 또한 초상류 사회와 접촉하면서 그들로부터 성공 비결을 배우는 기회를 가질 수도 있다.

미래 유망 직업 찾기

내 후배 중 한 사람은 슈퍼 리치의 자가용 비행기 수요 증가라는 트렌드를 허투루 보지 않았다. 이 흐름 속에서 자기 자녀의 진로를 찾았다. 그는 고등학교를 졸업한 아들을 공군에 입대하도록 권유했고 비행기 정비 기술을 배우게 했다. 그리고 영어 공부도 꾸준히 시켰다. 아들이 제대하면 미국에서 자가용 비행기 정비사로 취업시킬 계획이다.

그 아들도 포부가 크다. 미국 슈퍼 리치의 자가용 비행기 정비사로 일하면서 못 이룬 대학 진학을 하고 MBA까지 취득하여 자신도 언젠가는 자가용 비행기를 소유할 것이라는 꿈에 부풀어 있다.

한국의 청년 실업은 심각한 실정이다. 이른바 SKY 경영학과를 졸업해도 모두가 선망하는 대기업에 취업하기가 어려운 실정이다. 그렇다면 비행기 정비 기술을 배워서 선진국 부자들의 자가용 비행기 정비사로 취직하겠다는 계획과 한국에서 SKY를 졸업한 후 최고 대기업에 취직하겠다는 계획 중 어떤 게 더 현실적일까? 그리고 두 쪽 모두 성공한다면, 어느 쪽이 연간 소득이 더 높을까?

우리는 현실적으로 세상과 기회를 따져볼 필요가 있다. 유능한 비행기 정비사가 되는 것과 일류 대학 졸업 후 대기업에 입사하거나 공무원 시험에 합격하는 것 중 확률이 높은 것이 무엇인지 냉정하게 분별해야 한다.

앞에서 줄곧 이른바 선진국보다는 개발도상국에 더 큰 기회가 있다고 이야기했다. 지금 다루는 사례는 선진국 진출에 대한 것이니 조금 모순된다고 느끼는 분이 있을지 모르겠다. 수십 년 해외와 접해온 내가 판단하기에 개발도상국에 존재하는 기회가 선진국보다는 월등히 다양하고 크다. 하지만 이는 상대적인 것이다. 선진국에 아예 기회가 없는 것은 아니다. 자신의 성향과 역량, 진출하고자 하는 분야에 따라 선진국에서도 얼마든지 기회를 찾을 수 있다. 그런데 이때는 참신한 발상이 요구된다. 모두가 살고 싶어 하는 나라에서, 전통적인 선호 직업을 얻고 안정된 삶을 보장받기만을 고집한다면 앞길이 별로 보이지 않을 것이다.

　새롭게 기회의 창이 열리는 곳을 발견하고 그 지점을 향해 나아가야 한다. 내 의견은 그러한 지점이 상대적으로 더 많이 존재하는 개발도상국에 대해 다시 생각하고 기회를 눈여겨보라는 뜻이다. 혁신적인 기회를 찾을 수 있다면 선진국 진출의 가능성을 아예 차단할 이유는 없다.

니가 가라,
하와이

해외 진출이라는 뜨거운 감자

2019년 1월 28일 청와대 경제보좌관이 때아닌 설화에 휘말렸다. 그는 대한상공회의소 주최 간담회 자리에서 아세안 국가로의 진출을 권하는 발언을 했는데 그것이 많은 사람, 특히 청년층의 상처를 헤집어놓은 꼴이 되었다. 신남방정책특별위원장을 겸임 중인 그는 청년들을 향해 "헬조선이라고 탓하지 말고 아세안, 인도로 가서 기회를 찾아라"라고 말했다. 그리고 "우리나라의 50대, 60대도 할 일 없다고 산이나 가고 SNS에 험악한 댓글만 달지 말고 아세안으로 가야 한다"고도 했다. 그의 말은 사회적으로 큰 파문을 일으켰다. 그다음 날 사표를 내고 공직을 떠날 정도였다.

개인적인 의견을 말하자면, 그의 발언은 고위 공직자로서 사려 깊지 않았다. 또한 국민의 상실감을 헤아리지 못한 것이다. 청년이나 은퇴자의 취업 문제를 책임져야 할 자리에 있는 사람이 엄중한 책임감을 느끼지 않고 국민 탓을 한 셈이기 때문이다. 그는 중요한 화두를 조심성 없이 다루었다.

온라인에서는 그를 향한 어마어마한 비난이 쏟아졌다. 그중에서 영화 〈친구〉에 나오는 유명한 대사 "니가 가라, 하와이"가 유독 눈에 띄었다. '우리더러 인도나 동남아시아 개발도상국으로 가서 고생하라고 강요하지 말고, 당신이 직접 가서 그렇게 살아라'라는 항변이 아니었을까.

한편으로는 그가 더 따뜻하게 말했으면 어땠을까 하는 강한 아쉬움을 느낀다. 취업 현실에 대한 죄송스러움, 책임감과 해결 의지를 표명한 후에 이런 대안도 생각해볼 만하다는 식이었다면 가슴속 생채기를 건드리지 않고도 새로운 기회를 효과적으로 설명할 수 있었을지도 모른다.

여하튼 그 이후 국내 취업에 매달리지 말고 개발도상국에서 기회를 찾으라는 취지의 이야기를 하는 게 몹시 꺼려지는 분위기다. 내가 이 책을 쓰는 데에도 오해를 감수할 용기가 필요했다. 그렇지만 나는 상황이 다르다. 취업 정책을 책임지는 자리에 있지도 않은 데다 "니가 가라, 하와이"에 웃으며 대꾸할 수 있다. "이미 다녀왔다."

나는 직장 생활을 하며 전 세계를 떠돌았다. 주재원으로 18년을 해외에 거주했는데 개발도상국에서 지냈던 날들이 더 많았다. 은퇴하기 직전까지 LG전자 인도법인 대표로 근무했다. 취업의 대안으로 해외 진출, 그것도 개발도상국 진출을 권유할 만한 명분이 충분하다고 본다. 그리고 근거도 확실하다.

기회를 포착하는 발상법

청년 실업은 우리 사회의 뼈아픈 고민 중 하나이다. 이 문제를 속 시원하게 해결할 정치 지도자가 있다면, 그는 단박에 대통령 자리에 오를 수 있을 것이다. 하지만 여기에는 뾰족한 해답이 없다. 불행하게도 취업난은 앞으로 더욱 깊어질 것이다. 고용 없는 성장이 상식이요, 현실이 되었기 때문이다. 4차 산업혁명으로 인공지능과 로봇이 사람이 하던 일을 대신하게 되었다. 디지털화가 가속화되면서 인간이 맡았던 아날로그적 작업은 점점 사라지고 있다.

이럴 때 나는 "해외로 가라"고 권하고 싶다. 해외에서 무엇을 할까? 지금부터 공부해서 찾으면 된다. 그 지역의 현황을 살펴보면서 우리가 경험한 것에 비추어 유망한 것을 찾아나가면 된다.

인도에서 4년 6개월 생활하면서 수많은 기회의 창을 발견했다. 그중 몇 가지를 소개하겠다. 이 사업을 하라는 권유라기보다는 용기를 얻고 발상법을 배우는 계기로 삼았으면 좋겠다.

한국에는 넘쳐나지만, 인도에서는 부족한 것들이 많다. 한국인들이 인도에 그런 것들을 가지고 와 사업한다면 성공 가능성이 커질 것이다. 인도의 현재 수준은 한국의 1980년대쯤 된다고 본다. 1980년대 이후 한국의 발전 단계가 인도에서는 지금부터 시작된다. 우리는 해답지를 보고 문제를 풀듯 앞으로 인도에서 새롭게 유행할 것들이 뭔지 알 수 있고 그것을 미리 준비한다면 매우 효과적일 것이다.

가난한 인도에서도 신흥 부자들을 중심으로 개인 건강 관리에 투자하는 사람들이 늘어나면서 헬스클럽이 하나둘 생겨나고 있다. 그런데 헬스클럽에 필요한 운동 기구를 만드는 곳이 인도에는 없다. 심지어 수입해서 공급하는 업체도 없다. 헬스클럽을 하려면 두바이나 싱가포르에 가서 운동 기구를 구매해 와야 한다. 한국은 운동 기구 생산이 과잉이다. 이를 인도에서 수입해 헬스클럽에 공급하는 사업이 꽤 유망하리라는 생각을 했었다.

한번은 사무실을 이전하면서 가구를 새것으로 교체하자고 결정했다. 그때 가구점도 방문하고 사무기기 공급 업체 관계자도 만났다. 그러면서 깜짝 놀랄 만한 사실을 알게 되었다. 인도에는 사무용 가구를 생산하는 업체가 단 한 곳도 없다는 것이다. 미국, 말레이시아, 인도네시아 등지에서 수입하고 있었다. 누군가 인도에 사무용 가구 공장을 짓고 생산·판매한다면 이른바 대박이 날 수도 있다. 인도는 외국인 투자 기업을 포함해 새로운 회사들이 쉼 없이 창업되고 있고 새로운 사무실 수요도 꾸준히 증가하는 중이다. 사무용 가구 수요도 이와 비례해서 늘어날 것이기 때문이다.

우리나라 가정에서 '인테리어'라 불리는 집수리가 본격적으로 시작된 게 1990년이었던 것으로 기억한다. 그 전에는 이사 전후로 도배하는 정도에 그쳤다. 인도에서도 부자들이 집 내부에 손을 대기 시작했다. 한국의 유능한 인테리어 기술자가 인도에 와서 사업을 시작하면 무궁무진한 수요를 바탕으로 큰돈을 벌 수 있을 것이다.

내가 인도에서 지내며 일상생활 속에서 발견한 사업 기회는 이외에도 여럿이 있다. 세계 여러 곳을 차분히 살펴보면 자기 분야와 관련이 있거나, 마음이 끌리는 유망 사업을 찾아낼 수 있다. 성장 여력이 잠재된 분야를 발견하고 진출을 모색하는 노력을 기울여보라. 무한한 가능성을 현실로 확인하게 될 것이다.

진취적인
한국인

작지만 큰 나라

나는 지금까지 150여 개국을 여행했다. 그런데 그중 한국인이 살지 않는 나라는 단 한 곳도 없었다. 전 세계 구석구석 어디를 가도 현지에 터를 잡고 사는 한국인을 만나는 게 어렵지 않다.

나이지리아의 수도 라고스 근교에 사는 교포 한 분을 만났던 기억이 난다. 그는 한국에서 사업에 실패한 뒤 나이지리아로 왔다. 그리고 한국에서 땡처리하는 철 지난 장기 재고 의류를 수입해서 나이지리아 사람들에게 판매하는 사업을 시작했다. 그가 취급하는 의류 중에는 등 부분에 한글로 소속 단체명이 박음질된 단체복이나 트레이닝복 같은 것도 있다. 이런 헌 옷까지 무게 단위로 수입하여 길거리에서 판매한다. 그가 취급하는 의류는 나이지리아 소비자들에게 매우 인기가 높다고 한다.

한국, 한국인, 한류, 한글은 세계적인 인기 아이템이다. 러시아의 블라디보스토크 같은 도시나 베트남 등의 동남아시아 국가들에서는 '○○유치원', '○○기계공고' 등 한글이 버젓이 박혀 있는 중고차들이 도로를 달리는 모습이 자주 눈에 띈다. 심지어 한국에서 수입하지도 않은 로컬 자동차에 일부러 한글을 페인팅하여 운행하기도 한다. 한국의 국력이 올라가고 한국에 대한 이미지가 그만큼 좋아지고 있다는 증거이다. 이는 세계 곳곳에서 땀 흘려온 한국인들이 만들어낸 성취이다.

이역만리로 떠난 한국인들

불교에는 4대 성지가 있다. 싯다르타가 태어난 네팔의 룸비니Lumbini, 그가 득도한 보리수나무가 있는 인도 북부 도시 부다가야Bodhgaya, 첫 설법을 한 사르나스sarnath, 열반에 든 쿠시나가르Kushinagar가 그곳이다. 그런데 이곳들을 가장 많이 방문하는 외국인은 한국인이다.

1,300년 전 신라의 승려 해초도 이 네 곳을 여행하고 『왕오천축국전』을 남겼다. 혜초가 『왕오천축국전』에서 서술한 불교 4대 성지

모습과 당시 인도인들의 생활상은 오늘날의 그것과 너무 닮았다. 그래서 인도는 도무지 변화가 없는 곳이라는 생각이 들게 한다.

인도 동북부 끝의 미조람주를 방문했을 때의 충격은 지금도 생생하다. 인도에서 한류 열기가 가장 강한 이 지역 주민들의 외모는 한국인과 비슷하다. 미조람 주민들은 웬만한 한국 드라마를 빠짐없이 보고 있으며 드라마를 통해 익힌 한국어 실력은 신기할 만큼 수준급이었다.

인도는 크리켓을 사랑하는 나라이며 축구는 별로 인기가 없다. 그런데 미조람주에서는 축구 열기가 뜨겁다. 유럽이나 중남미에 못지않을 정도로 인기를 누린다. 소수민족이 사는 인구 120만 명의 작은 주이지만, 델리의과대학 입학생 중 미조람주 출신의 비율이 가장 높다고 한다. 그들은 뛰어난 두뇌를 가졌다.

미조람주 주민들의 조상은 누구일까? 이들은 어디에서 왔을까? 김진명의 소설 『고구려』를 보면 고구려가 멸망한 뒤 이정기 장군이 유민 3만 명을 이끌고 오늘날 태국의 치앙마이에 정착했다는 내용이 나온다. 이것은 단지 상상력의 산물만은 아니다. 일부 역사학자들은 이에 대한 증거를 제시한다. 오늘날 치앙마이에 가보면 뭔가 한국적인 정서와 음식 문화를 느낄 수 있다. 혹시 그 고구려 유민 중 일부가 계속 북쪽으로 이동하여 미얀마를 거쳐 미조람까지 이동하여 정착한 건 아닌지 하고 상상의 나래를 펼쳐본다. 학문적으로 증명할 수는 없겠지만, 이들에게서 무엇인가 특별한 친밀감이 느껴지는 것은 부인할 수 없는 사실이다.

모로코 아가디르에 가면 한국인을 닮은 젊은이들이 많이 산다. 그들은 "한국은 아버지의 나라이고 자신들은 한국인"이라면서 한국 대사관에 찾아와서 한국 여권을 요구하기도 했다. 한국의 원양어업단이 라스팔마스 어장에서 원양어업을 활발히 하던 시절 원양 어부들이 아가디르에 장기 체류하면서 현지 여인들과 동거하는 일이 잦았는데, 이때 태어난 2세들이 이 젊은이들이다. 베트남의 따이한과 비슷한 경우로 보인다. 지금도 아가디르에는 원양 어부 출신 한인 교포 300여 명이 거주하고 있다.

베네치아의 개성상인, 장보고의 청해진, 저 멀리 멕시코 칸쿤에 사는 1800년대 후반 초기 이민자의 후손 등을 보면 우리 민족은 옛날부터 용감하게 해외를 여행했었고 이민을 떠날 만큼 진취적이었다.

그 DNA가 아직도 살아 있어서 한국 기업들이 세계 경제를 주름잡고 한류가 전 세계 각국으로 요원의 불길처럼 번져나가고 있다. 이제 젊은이들이 이러한 진취적 기상을 가일층 발전시키기를 바란다.

한국인의 저력,
예禮

최고의 정신적 유산

나는 38년 회사 생활 대부분을 해외 영업과 마케팅 그리고 전략 분야 업무에 쏟았다. 그 과정에서 글로벌 비즈니스 리더들을 많이 만났다. 그들은 한국의 발전상에 대해 찬사를 아끼지 않았다. 그리고 한국인의 어떤 요소가 강점으로 작용하여 빛나는 성취를 가져왔는지 나에게 묻곤 했다.

한국이 해방 후 짧은 기간에 세계 10대 강국이 된 것을 경이롭게 본 외국의 많은 학자가 한국을 연구해왔다. 이들이 한국의 역사, 문화, 철학 등을 연구하고 발표한 내용은 익히 알려졌으니 따로 다룰 필요가 없을 듯하다. 그래서 내 경험과 생각의 틀에서 한국의 상대적 강점을 찾고자 숙고해보았다. 나의 결론의 '예禮'이다.

예禮는 중국에서 태어난 유교 사상의 하나이다. 하지만 유독 한국이 가장 높은 수준의 철학으로 발전시켰다. 식민사관으로 왜곡이 일어나 본질보다는 형식을 중시하는 전근대적이고 비생산적인 태도로 인식되기도 했다. 그러나 나는 이런 해석이 부당하다고 감히 주장한다.

예禮는 겸손이 그 본질로서 상대방에게 나를 맞추는 것이다. 이 과정에서 엄청나게 성숙한 자아가 개발된다고 본다. 늘 반성하고 더 잘하려고 노력하기 때문이다.

조선 시대 500년간 형성된 민족적 생활철학 예禮의 힘이 오늘날 한국인의 피에 흐르고 있다. 그래서 한국인이 전 세계 어디를 가든 예에 기반한 겸손한 자세로 임하면서 조기에 창조적으로 적응하고 성공을 이룬다고 믿는다.

글로벌 비즈니스를 관통하는 전통 사상

예禮 사상은 고객 가치를 최우선으로 받아들이는 사업가들을 양성하였다. 그리고 처음 만나는 사람에게 좋은 인상을 심어주어 유익한 인맥을 구축하도록 도와주었다.

나는 이것을 'outside-in'이라고 부른다. 즉 고객 관점에서 바라

보고 생각하기다.

나는 겸손을 바탕으로 하는 예禮와 반대되는 개념이 획일적 평등의 추구라고 생각한다. 나는 카를 마르크스 사회주의 이념의 부작용이 평등을 절대 가치로 삼은 데서 비롯되었다고 본다. 사회주의적 사고방식으로는 자신을 기꺼이 낮추는 겸손이 받아들여지지 못하기 때문이다. 남의 상황을 유심히 보고 그와 같은 수준을 확보하려 들기에 개인적 자아 반성의 여지가 없다. 혹시 누가 나보다 더 가져가지 않는지 감시하고 의심하는 태도가 만연한다면 그 사회는 퇴보하다가 망할 수밖에 없지 않을까.

예禮는 구시대적 사고방식이나 폐단이 아니다. 면면히 이어진 자랑스러운 덕성이다. 다양한 나라의 수많은 사람을 만나며 일해왔지만, 성공의 원리는 한결같았다. 어른을 공경하고 남에게 예의 바른 사람이 성공에 가까이 있었다. 이처럼 예는 현대 글로벌 비즈니스에도 잘 통용되는 효과적인 전략이다.

이러한 한국인의 강점 예禮를 천덕꾸러기 취급하는 세태가 안타깝다. 예를 이른바 꼰대들의 덜떨어진 관념으로 치부해서는 안 된다. 외국인을 대하거나 함께 일할 때, 해외에서 생활할 때 예를 정신적 바탕으로 삼아보라. 그들은 당신을 품위와 능력을 갖춘 인격자로 받아들이고 존경을 아끼지 않을 것이다.

해외 진출
정보 활용

　나는 새로운 진로를 찾는 주변 사람들에게 해외 진출을 독려한
다. 그러면 이들은 상세하고 구체적인 정보와 지침을 원한다. 이럴
때 약간은 곤혹스러운 마음이다. 전 세계에 통용되는 공통된 정보
와 지침이 없기 때문이다. 시기마다 다르고 나라마다 다르다. 같은
나라라 하더라도 인도나 중국 등은 지역마다 상황이 천차만별이
다. 이 책에서 해외 진출을 위한 마음가짐, 성공 사례 등 다소 추상
적으로 느껴질 수 있는 부분을 주로 다룬 것도 이 때문이다.

　광범위하고 시의적절한 정보를 수집하고, 이를 깊이 분석하며
부딪히는 수밖에 없다. 이 과정에 도움을 줄 웹사이트 몇 곳을 소
개한다. 대한무역투자진흥공사와 한국산업인력관리공단 등 공적

기관에서 운영하는 웹사이트이므로 정보의 신뢰성이 높으며 방대한 자료를 다루고 있어 활용하기에 따라 큰 도움을 받을 수 있을 것이다.

KOTRA

해외 비즈니스를 위한 정보를 가장 풍부하고 체계적으로 제공하는 곳은 대한무역투자진흥공사KOTRA이다. 해외 진출을 염두에 둔다면 반드시 KOTRA 웹사이트(kotra.or.kr)를 자주 방문하면서

● **KOTRA 메인 페이지**

새로운 정보를 얻어야 할 것이다. 회원 가입을 하여 여러 서비스를 폭넓게 활용하기 바란다.

KOTRA 트라이빅 서비스

KOTRA 웹사이트는 하위 서비스로 무역 투자 빅데이터인 트라이빅 서비스를 제공하고 있다. 인공지능을 통해 유망 시장, 수출 품목, 잠재 파트너 세 개의 축으로 서비스되고 있다. 로그인이 필요한 서비스이다(www.kotra.or.kr/bigdata).

분류	서비스 내용
유망 시장	품목별 수출 유망 시장 추천
	국가 정보, 시장 정보, 해외 시장 뉴스, 수입 규제 정보 등
수출 품목	품목(HS 코드) 기준 글로벌 교육 및 투자 통계 데이터
	시장별 호황 및 불황 품목 및 통계 정보
잠재 파트너	해외 기업 데이터베이스 기반으로 기업별 맞춤형 잠재 파트너 추천

KOTRA 해외 시장 뉴스

글로벌 비즈니스 현장에 관한 상세한 소식을 빠르게 접할 유용한 통로가 KOTRA 해외 시장 뉴스(news.kotra.or.kr)이다. 인터넷 신

● KOTRA 트라이빅 서비스 예시 : 국가별 시장 정보 중 인도

호부진 품목별 수입업 통계 (연도 기준) ⓘ

300212 ( )

단위: 천S

UN Comtrade , 게세정 기준

600,000

400,000

200,000

0

2016　2017　2018　2019　2020

✓ 수출금액　✓ 수입금액　✓ 한국의 수출금액

해시뉴스 / 보고서 / 상품보고서 ⓘ		무역 사기 사례 ⓘ		수입 규제 품목 ⓘ		전체보기

해시뉴스 / 보고서 / 상품보고서

[트랜드] 천환경으로 발돋움하는 인도의 전동 주조산... 상세조회

[트랜드] 인도 스마트 가전시장의 변화 상세조회

[트랜드] 주목받고 있는 인도 로봇청소기 시장 상세조회

[트랜드] 인도의 자본재 시장의 수출입 동향과 시사... 상세조회

[트랜드] 인도 식품산업 ④ 현지화된 중국음식 사례... 상세조회

무역 사기 사례

인도, 해킹으로 인한 대금 오연 송금 상세조회

인도, 샘플 수출대금 결제 회피 상세조회

인도, 초청장 발급 요청해 불법체류를 시도 상세조회

인도, 이메일 해킹을 통한 송금 사기 사건 상세조회

계약 물품 선적 미 이행 상세조회

수입 규제 품목

품목코드	품목설명	규제형태
5402	(비엑스처 비플라이엑스...	반덤핑(규...
732619	중대형 상용차량 앞치...	반덤핑(규...
901780	울자 (Measuring Tape...	반덤핑(규...
901730	울자 (Measuring Tape...	반덤핑(규...
901710	울자 (Measuring Tape...	반덤핑(규...

해외 뉴스 키워드 ⓘ
2021-08-29 ~ 2021-09-27

데이터가 없습니다.

미디어	제목	날짜
	데이터가 없습니다.	

국내 뉴스 키워드 ⓘ
2021-08-28 ~ 2021-09-27

접수량		
노급덕		
AUKUS		
도산안장호랑		
오커스		

미디어	제목	날짜
한국...	워드로 + 록칙고, 뮤에이...	2021-09-26
세계...	"핵잠수을 갖자" 수성 분...	2021-09-25
YTN	훈석일 이어 상태에서도 '...	2021-09-24
한국...	"인도·태평양에 초점" 유...	2021-09-23
한국...	미국은 줄곳에 유혈을 뱉음...	2021-09-23

시장 키워드 트렌드 최근 4분기 동안 조회 관련 시장 해외뉴스의 주요 키워드 변화

● 2020년 1분기
government, police, virus, president, minister, crore, city, law, health, party

● 2020년 3분기
government, health, president, pandemic, hospital, lockdown, police, virus, state, crore

● 2021년 1분기
government, vaccine, health, president, minister, crore, police, party, state, market

● 2020년 2분기
government, lockdown, virus, health, home, hospital, state, pandemic, quarantine, city

● 2020년 4분기
government, president, election, party, pandemic, minister, crore, health, state, police

● 2021년 2분기
government, vaccine, health, hospital, pandemic, state, president, minister, virus, crore

AI 분석 해당시장과 국내수출금액 추이에 대한 AI분석

주요 품목 전년동기대비 증감률

2021 ∨　08 ∨

단위: %

1500

500

0

500

석유.. 철강.. 일반.. 반도체 무선.. 자동.. 섬유용 선박류 컴퓨터 디스.. 자동차 석유.. 가전

한국→인도 2021년 08월 수출 동향

한국에서 인도로의 8월 수출액은 13억1천7백만 달러로 전년동기대비 4억5천7백만 달러(23.8%) 상승하였으며, 지난달 7월(12억2천9백만 달러, 3.5%)에 비해 88백만 달러 상승하였습니다. 인도의 품목별 수출 동향으로는 13대 주력 품목 중 감소화품목으로 가전 등 1개 품목이 있습니다. 증가품목으로 특히 자동차가 875.0%증가하였으며, 무선통신기기·선박류 등 12개 품목이 있습니다.
인도로의 호조 품목으로는 철강제품, 석유화학 등 4개 품목이 있습니다. 수출 부진 품목으로는 가전, 석유제품 등 9개 품목이 있습니다.

내용과 관련해 의견이 있으시면 문의 부탁드립니다. (문의: bigdata@kotra.or.kr)

kotra 무역투자지배이터

이용약관	저작권정책	개인정보처리방침	정보공개	RSS2.0	사이트맵

(06792)서울시 서초구 헌릉로 13　사업자등록번호: 120-82-00275　TEL : 1600-7119
COPYRIGHT (c)2012 KOTRA. ALL RIGHTS RESERVED 대한무역투자진흥공사

문을 보듯이 해외 시장 동향 뉴스를 접할 수 있으며 상품과 산업, 국가와 지역별 정보도 풍부하다. 심층 보고서도 제공된다.

한국산업인력공단 - 해외 취업 전문 기관

한국산업인력공단은 청년들의 해외 취업을 전문으로 하는 정부 기관이며 2012년부터 현재까지 'K-MOVE 해외취업연수'라는 사업으로 매년 청년들을 해외 각국에 취업을 시켜주고 있으며, 월드잡플러스(www.worldjob.or.kr) 웹사이트에서 해외 취업, 해외 연수, 해외 창업 등에 관련된 상세한 정보를 제공하고 정착 지원금 등 지원 서비스를 안내한다.

해외 창업 정보

중소벤처기업부와 창업진흥원이 제공하는 K-스타트업 센터(www.k-startup.go.kr)는 예비 창업자들을 위한 정보 제공과 교육, 시설 지원, 멘토링 등의 서비스를 하고 있다. 특히 해외 진출을 원하는 성장 단계 스타트업에 대해서는 현지 창업 생태계의 진입·안착·성장 지원 프로그램을 마련하고 있다.

● KOTRA 해외 시장 뉴스 메인 페이지

● 월드잡플러스 메인 페이지

● K-스타트업 센터 메인 페이지

II

울타리 밖에서
꿈을 이룬 사람들

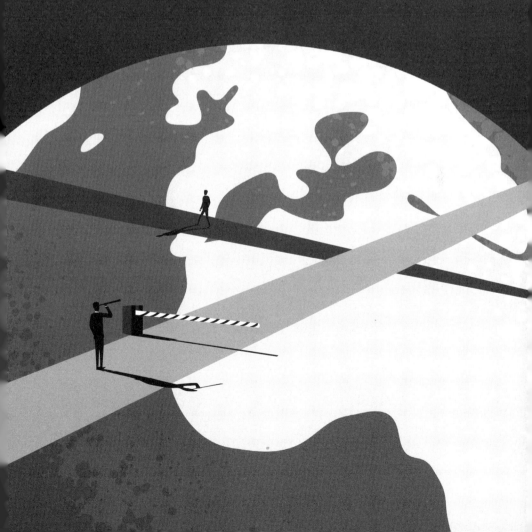

인도네시아
코린도 그룹
승은호 회장

1969년 코린도 그룹 창업

승은호 회장은 '나무왕'으로 불린다. 1942년 만주에서 태어난 그는 일찍이 인도네시아에 진출하여 인도네시아 재계 서열 20위권의 코린도 그룹을 창업했다.

그를 처음 만난 것은 인도 첸나이에서 개최된 아시아한인총연합회 헤드 테이블에서였다. 나는 재인도한국경제인연합회KOCHAM INDIA 회장 자격으로 한인총연합회가 주관하는 패널 토의의 좌장을 맡아서 주어진 몇 가지 주제들에 대해 진지한 토의를 이끌었다. 이때 식사 테이블 옆자리에 앉았던 승은호 회장과 자연스럽게 대화할 기회를 얻었다. 그때의 대화는 오래도록 생생하게 기억에 남았다. 그의 도전 정신에 깊이 고무되었기 때문이다.

한국 최초의 해외 투자 기업은 인도네시아에 세워진 코데코 KODECO이다. 고 최계월 회장이 1968년에 창업했다. 승은호 회장은 여기에 크게 자극을 받았다. 그로부터 1년 뒤인 1969년에 인도네시아에 코린도를 창업한 뒤, 매년 과감한 투자와 함께 성장했다. 그리고 '나무왕'이라는 자랑스러운 이름을 얻었다. 그동안 그가 보여준 도전기는 한국의 젊은이들이 꼭 배워야 할 소중한 교훈으로 가득 차 있다.

나무왕의 전설

그의 성공 스토리 중에는 특히 깊은 인상을 주는 도전적인 투자가 있다. 서울시 면적의 1.5배에 달하는 팡칼란분 조림지 사업이 그것이다. 1997년부터 14년간 1억 그루의 유칼립투스 펠리타 eucalyptus pellita와 아카시아 망이움acacia mangium을 조림하여 합판 목재와 펄프의 재료를 확보했다. 이로써 인도네시아 조림 분야 재계 서열 4위 기업으로 발돋움할 수 있었다. 그는 더욱 경쟁력 있는 과학 조림을 위해 연구 센터를 설립했다. 이곳은 인도네시아 정부 관리들의 견학 코스로까지 발전했다고 한다.

나는 승 회장에게 왜 조림 사업에 뛰어들었냐고 질문했다. 그는 나무가 자라는 만큼 회사도 성장하기에 사업이 지속적으로 성장할 수 있는 분야이기 때문이라고 힘주어 말했었다. 매년 나무의 10%를 베어내도 나머지 90%가 계속 자라며, 특히 유칼립투스 클론eucalyptus clone은 배양 3년 만에 18미터까지 자란다고 열정적으로 설명했다. 그의 정열적인 모습은 80세가 아닌 30세의 혈기왕성함으로 채워져 있었다.

현재 코린도 그룹은 인도네시아 합판 생산량의 30%, 종이 생산량의 70%를 점유하고 있으며 30여 계열사에서 2만 5,000여 명의 종업원이 일하고 있다. 오늘날의 코린도 그룹은 어떻게 시작되어 인도네시아 기업계의 거목으로 성장했을까? 승은호라는 야망에 찬 20대 청년이 주저하지 않고 용감하게 도전한 것이다.

1960~1970년대에는 아무것도 가진 것 없어도 열정과 도전 정신만 믿고 무모하게 느껴질 정도의 해외 진출을 감행했던 젊은이들이 있었다. 그때의 시대정신과 오늘날 한국 젊은이들의 마음을 움직이는 시대정신은 크게 달라 보인다.

1960~1970년대 대한민국은 전쟁의 상흔을 씻지 못한 빈국이었다. 오늘날 한국의 국제적 위상은 그때와 비교할 수 없을 만큼 높아졌다. 더 진취적으로 해외 진출을 하기에 유리한 여건이 형성되어 있다.

젊은이들이 영혼까지 끌어모아 부동산, 주식, 암호화폐 투자에 몰리는 현실이 안타깝다. 젊은 열정과 에너지를 쏟아부을 대상이 없어서일 것이다. 젊음을 아낌없이 투자할 만한 희망과 기회가 국경 밖에 엄연히 존재함을 모르는 탓이다. 이제 20대의 승은호가 그랬듯 우리 젊은이들이 해외 진출로 눈을 돌릴 수 있게 해야 한다. 이를 위한 정부의 제도적 지원이 필요하다. 기성세대도 조언과 함께 따뜻한 후원을 제공해야 한다. 이는 청년 취업 문제 해결에도 꼭 필요한 일이다.

남아프리카공화국
한인회장 장승규

아프리카 남쪽 끝에서 보인 희망

남아프리카공화국에 사는 자랑스러운 한국인 장승규는 나의 옛 동료이다. 그는 나와 같은 부서에서 근무했다. 그는 열심히 직장 생활을 했지만, 가슴 한 편에는 해외 진출의 야망을 품고 있었다. 해외 여러 곳을 살피며 기회를 모색했다. 그런 그의 눈에 남아프리카공화국이 들어왔다. 그리고 치밀하게 미래를 설계하기 시작했다. 그때가 1986년이었다. 인종 차별과 인권 탄압을 일삼던 남아프리카공화국에 대해 세계적인 경제 봉쇄 조치가 한창이던 무렵이었다. 장승규 사장은 인종 차별의 악명이 가득한 남아프리카공화국이 결국 변화할 것이라는 가능성에 주목했던 것이다.

남아프리카공화국의 역사는 유럽의 대항해 시대(15~16세기)로 거슬러 올라간다. 지리상의 발견을 위해 신항로 개척이 한창이던 1488년, 포르투갈의 선원 바르톨로메우 디아스가 남아프리카 케이프반도에서 희망봉을 발견했다. 그리고 무역 보급 기지를 건설하려는 네덜란드 동인도회사를 따라 네덜란드 농업 이민자들이 남아프리카에 들어왔다. 이들이 남아프리카공화국 백인들의 선조가 된다. 네덜란드어로 농민이란 뜻의 '보어Boer'가 남아프리카공화국 백인들을 가리키는 명칭이 된 것은 이런 역사적 맥락이 있다.

그 후 영국이 케이프 지방을 식민지로 삼기 위해 이 지역에 진출했다. 이 과정에서 원주민인 룰루족, 보어인, 영국인 3자 간 치열한 충돌이 벌어졌다. 지금도 그 흔적이 요하네스버그 인근에 남아 있다. 결국 룰루 왕국은 영국으로 넘어갔다. 네덜란드 이민자들인 보어인들은 자신들의 근거지를 영국에게 빼앗기고 내륙으로 쫓겨났고 오늘날의 요하네스버그에 정착하게 된다. 그러다가 보어인들이 지배하고 있던 지역에서 다이아몬드 광산과 금광이 발견되었다. 이를 놓칠 수 없었던 영국은 1899년 보어 전쟁을 일으켜 남아프리카 전체를 집어삼키고 1910년에 남아프리카연방을 수립했다.

이후 남아프리카공화국은 백인이 흑인 원주민을 노예처럼 부리는 악명 높은 인종 차별 정책을 폈다. 이에 대한 저항은 계속되었다. 1990년에는 흑인 지도자 넬슨 만델라가 27년간의 감옥살이 후

석방되었다. 그리고 만델라는 1994년 남아프리카공화국 최초의 민주적 선거에서 압도적인 표로 대통령에 선출되었다. 그 후 흑인 정부가 이어지고 있다.

그 지역에서 가장 필요한 분야에 진출

장승규 사장은 만델라 대통령 집권 후 남아프리카공화국의 발전 가능성을 확신했다. 그는 결단을 내렸다. 다니던 회사를 그만두고 1996년부터 남아프리카공화국에서 사업을 하기 시작했다. 그는 사업 아이템을 선정할 때 한인 교포들이 주로 진출한 섬유, 목재, 전자 등의 분야를 일부러 피했다. 그 대신 현지에서 가장 절실한 분야를 찾았다.

장 사장의 선택은 AIDS 예방과 진단 관련 제품이었다. 당시 남아프리카공화국 정부의 주요 국정 과제가 AIDS 퇴치였는데, 남아프리카공화국에는 AIDS 예방과 진단 관련 의약품을 제대로 생산하는 기업이 거의 없었다. 장승규 사장의 판단은 적중했다. 지금 그의 회사는 남아프리카공화국 보건사회부 산하 전국 병원과 보건소에 AIDS 예방·진단 약품 외에 1회용 주사기 등 생산품을 전량 납품하고 있다.

사업에서 큰 성공을 거둔 장승규 사장은 한국 교민 사회에 대한 봉사에도 관심을 두었다. 한인회장을 맡아 열정적으로 활동하고 있다. 시인으로 등단하여 집필 활동도 열심이다. 최근에는 장학 재단을 설립하여 젊은이들이 미래를 꿈꿀 수 있도록 재정적 지원을 해주고 있다.

장승규 회장의 도전기는 이 시대의 한국 젊은이들에게 큰 시사점을 준다. 만약 그가 세계를 향한 야심을 품지 않고 패기에 찬 결단을 하지 않았다면 어땠을까? 많은 이들이 그랬듯 평범한 직장 생활에 만족하고 거기에 안주했더라면 오늘의 성취는 없었을 것이다. 장승규 회장은 한국보다는 남아프리카공화국과 같은 개발도상국에 훨씬 더 기회가 많음을 발견했다.

거듭 말하지만, 대다수 개발도상국은 대한민국이 과거에 걸어왔던 길을 미래에 걸어갈 것이다. 따라서 한국인들은 그만큼 유리한 조건에서 경쟁하게 된다. 당연히 승률이 더 높아진다. 지금 젊은이들이 도전 정신으로 무장하고 해외로 나간다면 한국에서보다 노력 대비 성공 확률이 더 커지며 앞으로 멋진 삶을 영위할 수 있으리라 확신한다.

젊은 장승규가 이역만리에 관심을 두고 연구하다가 과감하게 결단했던 것처럼, 기회의 창이 열리는 나라들을 찾아 유심히 살펴보라. 새로운 인생이 펼쳐질 것이다.

에드워드 권이
세계적인 요리사로
성장한 이유

두바이에서 열린 요리 대회

2006년 1월에 LG전자 중동·아프리카 총괄 대표로 두바이에 부임했다. 그리고 2011년 말까지 6년간 책임을 맡아 일했다. 중동 22개국과 아프리카 56개국 시장에서 LG전자 제품의 마케팅과 판매를 총괄 지휘하는 막중한 임무였다. 그때 현지 문화와 생활 환경에 적합하면서 차별화된 다양한 마케팅 활동을 꽤 열정적으로 수행했던 기억이 아직도 생생하다.

그중 하나는 LG전자 광파 오븐 레인지를 활용한 요리 경연 대회를 개최한 일이다. 요리 대회를 통해 LG전자 광파 오븐 레인지의 우수성을 홍보하여 매출 증대를 꾀하고자 기획했다. 이 행사는 기대한 것 이상의 큰 효과를 거두었다. 사회적 지위가 상대적으로 낮고 외부 활동이 제한된 중동·아프리카 여성들에게 집 바깥으로 나들이할 수 있는 합법적인 기회를 제공한 것이 참여 열기를 높이는 데 주효했다. 그 당시는 두바이의 창조 경영적 리더십이 세계적 주목을 받았고 이슬람권 지역의 여성 인권 신장에 대한 관심이 커지던 때였다. 그래서 더더욱 여성들의 참여 열기가 높았던 것으로 짐작된다.

중동·아프리카 78개국에서 나라별 예선을 거치고 본선 예선을 통과한 15개 팀이 두바이에 모였다. 나는 기왕에 치러야 할 행사라면 세계 최고 수준의 이벤트로 기획하고자 했다. 심사위원진도 세계 최고 수준으로 구성했다. 세계적인 요리 학교 르 꼬르동 블루Le Cordon Bleu 교장, 세계 최고의 주방 기구 회사인 WMF 마케팅 책임자, 그리고 런던 일류 식당 셰프, 그리고 당시 세계 유일의 7성급 호텔이던 부르즈 알 아랍 호텔 수석 셰프 에드워드 권(권영민)이 요리 경연 대회 심사위원을 맡았다. 이로써 행사의 격이 한껏 높아졌다.

꿈과 도전이라는 경쟁력

나는 이 행사를 치르며 에드워드 권을 처음 만났고 개인적인 대화를 나눌 기회를 얻었다. 이야기를 주고받으며 그의 삶이 도전적

열정으로 점철되었음을 알게 되었다. 그는 요리 학교를 졸업하면서 외국에 있는 유수 호텔에 취업하겠다는 야심 찬 목표를 처음부터 세우고 준비했다고 한다. 이를 위해 먼저 한국에 있는 리츠칼튼 호텔 주방 보조원으로 들어가 기본을 쌓았다. 그리고 샌프란시스코의 리츠칼튼 호텔로 옮겼다. 이후 중국 톈진 쉐라톤 그랜드 호텔을 거쳤다. 그러다 그 무렵 한창 뜨고 있던 두바이로 건너왔다. 페이몬트 호텔에서 일하다가 꿈의 호텔이라는 두바이 부르즈 알 아랍 호텔 수석 셰프가 되었다. 당시 그는 웬만한 중견 기업 CEO 못지않은 고액 연봉을 받고 있었다. 지금은 한국에서 요리사로서, 방송인으로서 왕성한 활동을 하는 유명 인사가 되었다.

에드워드 권이 남들보다 뛰어난 능력과 자질을 타고났다고 말하기는 어렵다. 화려한 학벌과 인맥을 지닌 것도 아니다. 그도 피나는 노력을 했겠지만, 그보다 더 노력한 사람이 없지는 않다. 그의 남다른 점은 다른 데 있다. 일찍부터 해외 진출의 야망을 가지고 있었으며 무모하리만큼 용감하게 도전했다는 것이다. 그 도전 과정에서 부딪치면서 배우고 깨닫고 성장했고 결국 꿈을 이루었다. 한마디로 세계를 향한 도전 정신이 오늘의 그를 만들었다.

탁월한 유전자를 안고 태어나지 못했다고 해서, 집안 배경이 화려하지 않아서, 학력과 학벌이 보잘것없어서 이미 성공의 길에서 멀어졌다고 좌절하는 목소리들을 듣곤 한다. '이생망(이번 생은 망했다)'이라는 저주스러운 단어를 내뱉는 젊은이들이 안타깝다. 모든 성공의 문이 닫히지는 않았다. 에드워드 권이 두드린 문이 있다. 그것은 울타리 밖의 세상을 꿈꾸고 과감히 도전하는 것이다. 이 문을 두드려라. 손잡이를 돌려 열어라. 새로운 세계로 나아가라.

파라과이의
오병수 사장

CDE의 한국인들

파라과이는 남아메리카 내륙의 작은 나라다. 평범한 한국인들
은 파라과이를 잘 모르며 관심도 없다. 축구 경기가 열릴 때나 이
름을 듣곤 하는 정도다. 이 파라과이 동쪽 끝에는 브라질, 아르헨
티나와 국경을 맞댄 도시가 있다. 도시 이름 자체가 '동쪽의 도시
Ciudad del Este'이다. 줄여서 CDE라고 부른다.

파라과이 정부는 이 지역을 경제특구로 지정하여 보세 구역을
운영한다. 그래서 브라질 국민도 국경을 넘어 CDE로 쇼핑을 하러
간다. 주말에는 브라질에서 파라과이 국경을 넘어 가는 우정의 다

리Ponte Internacional da Amizade는 인산인해를 이룬다. CDE는 상업뿐 아니라 관광도 발전했다. 인근의 이구아수 폭포, 세계 최대 수력발전소인 이타이푸 댐을 연결한 관광 명소이다. 그래서 CDE는 언제나 인파로 붐비는 번영의 도시가 되었다. CDE 중에서도 손꼽히는 곳이 파라나 컨트리클럽이다. 그 안에는 고급 주택 단지가 있는데, 이곳에는 파라과이에 이민을 와서 성공한 한국 교포 사업가가 다수 살고 있다.

파라과이에 한국인이 처음으로 정착한 때는 1965년이다. 이때 95명의 이민자가 첫발을 내디뎠다. 이후 이민이 이어졌다. 초기에는 농업 이민 위주였지만 이후 다양한 분야에 걸친 이민으로 발전했다. 현재 2만여 명의 교민이 상류 사회를 형성하면서 파라과이 경제 발전에 기여하고 있다. 파라과이는 한국인들에게 인기 있는 이민 대상국이 아니었다. 한국에서 살기가 팍팍하거나 사업에 실패한 사람들이 주로 가는 나라 중 하나였다. 인구 600만 명의 소국 파라과이는 아직 가난한 나라로서 한국식 근대화 개발 모델이 절실히 필요한 상황이다. 그런데 한국 이민자들이 보여준 근면·성실을 바탕으로 한 개척적 정착 활동은 파라과이 국민에게 깊은 인상을 주었고, 경외의 대상으로까지 떠올랐다.

이미 주어진 경쟁력

오병수 사장도 성공한 파라과이 이민자 중 한 사람이다. 그는 한국에 살 때 용산전자상가에서 전자제품 판매업을 했다. 그런데 IMF 외환위기가 닥치면서 사업이 큰 어려움에 빠졌다. 그는 고심 끝에 파라과이 이민을 선택했다. 그리고 CDE 보세 구역 내에 전자제품 판매점을 열고 장사를 시작했다.

별로 크지 않은 가게지만, 주말에는 손님들로 발 디딜 틈이 없다. 국경을 넘어온 브라질 소비자를 대상으로 하루에 5만~6만 달러의 매출을 올린다. 그와 함께한 저녁 식사 자리가 또렷이 떠오른다. 그때 그의 양쪽 바지 주머니에는 얼핏 보아도 몇만 달러는 됨직한 미국 지폐가 가득 들어 있었다.

오 사장은 한국에서 공고를 졸업하고 용산전자상가에서 전자제품 수리 기사로 일하다가 직접 제품을 파는 사업을 했다고 한다. 그 과정에서 체득한 영업력이 파라과이에서 빛을 발휘한 것이다. 전 세계 어디를 가도 한국처럼 치열하게 경쟁하는 곳은 찾기 힘들다. 이러한 경쟁 과정에서 형성된 차별적 노하우는 파라과이 현지 상인들이 따라오지 못한다. 상상할 수도 없는 수준이다. 한 차원 높은 영업력을 갖추었다고 보면 된다. 오 사장의 성공 스토리를 들으면서 나도 덩달아 엉덩이가 들썩거리며 신바람이 났다.

파라나 컨트리클럽 안에 있는 그의 집을 방문해보았다. 그곳은 골프장을 중심으로 1,000여 가구가 모여 살고 있었다. 오 사장의 집은 300평의 수영장이 딸린 600여 평 대지 위에 호화스럽게 지어진 2층 건물이었다. 한마디로 그림 같은 집이었다. 한국에서는 재벌 회장도 이 정도 저택에 살지 못할 것이다.

한국인들은 우수한 두뇌와 성실함을 겸비한 DNA를 타고났다. 거기다 성장 과정에서 세계 최고로 혹독한 경쟁을 겪는다. 그러다 보니 출발점이 다르다. 세계 어디를 가서도 일찍부터 탁월한 역량을 발휘하고 놀라운 성과를 창출한다. 게다가 20년 전부터 한류 열풍이 불어닥쳤다. 이것은 해외에서 활약하는 한국인들에게 천군만마와 같다.

오 사장의 성공은 한국인 특유의 경쟁력을 발휘할 수 있는 토양에서 비롯된 것이 아닐까. 만약 오병수 사장이 어떻게 해서든지 국내에 머물면서 IMF 위기를 극복해보겠다고 버텼더라면 어땠을지 상상해보았다. 그랬다면 지금 그는 어떤 상황일까? 강인하고 성실한 사람이기에 한국에서도 잘했겠지만, 현재와 같은 수준의 성취는 쉽지 않았으리라 본다.

오 사장은 파라과이 생활에 만족한다. 북미 선진국으로 떠날 생각이 없다. 한국 사람들은 좀 더 나은 삶을 위해 해외 이민을 하는 경향이 강하다. 그래서 이민 대상 국가도 미국, 캐나다, 호주, 뉴질랜드 등의 선진국이 많다. 파라과이 같은 개발도상국으로 이민을 하더라도 그곳에 정착하지 않고 몇 년 뒤에는 미국 등지로 떠나는 게 보통이다. 그렇지만 오 사장은 끝까지 파라과이에 남았다. 자녀들도 파라과이 시민으로 정착하여 잘살고 있다. 파라과이는 오 사장과 그의 가족들이 자기 역량을 최대한 발휘할 수 있는 곳이기 때문이다.

한국인 대다수는 치열한 생존 경쟁 속에서 버티듯 살아간다. 취업난, 주택난, 자녀 교육의 어려움을 겪으며 하루하루 힘든 나날을 보낸다. 세계 속에서 자신이 어떤 역량과 경쟁력을 지녔는지조차 모르고 지낸다. 나는 이들에게 파라과이의 오병수 사장을 벤치마킹하라고 권유하고 싶다.

야크추크의
김한기

연교차 100도의 혹독한 땅

러시아 연방 북동부 시베리아에 사하 공화국이 있다. 러시아어 이름으로 '야쿠티야'라 불린다. 거주 인구가 100만 명이 채 안 되는 이 나라는 연중 기온 차이가 100도 가까이 된다. 겨울에는 영하 50도까지 내려가고 여름에는 영상 50도까지 올라간다. 대륙성 혹한과 혹서가 반복된다.

이곳 주민들의 외모는 우리나라 사람과 비슷하다. 그래서 나는 이들의 조상이 5,000년 전 바이칼호 주변에서 우리 조상들과 함께 살았던 사람들이 아닐까 하고 추측해보기도 했다. 어쨌든 러시아내에서도 좀 특이한 지역이다.

이 특별한 지역에도 한국 교민이 있을까? 물론 있다. 고려인으로 불리는, 1800년대에 연해주로 넘어갔던 조선인들의 후예는 러시아 어디를 가나 만날 수 있다. 하지만 대한민국 사람으로서 사하 공화국에서 활동하는 인물이 있다는 게 신기하기도 하다.

김한기 씨도 그중 한 사람이었다. 그는 과거 나와 함께 LG전자에서 근무했다. 그리고 2009년 사하 공화국 야쿠츠크로 건너갔다. 그곳에서 12년을 살다가 최근에 영구 귀국했다. 지금은 경기도 광주시 오포에서 지낸다.

김한기 씨는 1982년 독일 보름스에 있는 LG전자 현지 공장에 파견되어 9년을 근무했다. 그 후 카자흐스탄의 LG전자 공장으로 발령이 나서 3년간 근무한 후 귀국하였다. 국내에서는 구미의 LG전자 공장에서 3년간 일했다. 그러다 LG상사에 스카우트되었고 사하 공화국 주도인 야쿠츠크에서 대형 복합 건물 신축 프로젝트를 책임지는 일을 맡았다. 건물이 완공된 후에 곧바로 돌아오지 않고 그곳에 머물며 건물 임대 사업을 하다가 2021년 귀국하여 인생 후반기를 설계하는 중이다.

두려움을 걷어내면…

나는 김한기 씨를 만날 때마다 '만약 그가 해외로 나가지 않고 국내에만 머물렀다면 지금보다 더 나은 삶을 살고 있을까?'라고 자문해보곤 했다. '아닐 것이다'가 내 답이다. 본인도 그렇게 생각하고 있다. 그는 자녀들을 국제적 감각을 갖춘 인재로 잘 키웠고 경제적 부도 충분히 쌓았다. 지금은 여유로운 인생 후반부를 누리며 행복을 키우는 중이다.

무엇이 김한기 씨가 30년간 해외 생활에 도전하도록 만들었을까? 그는 말한다. "저는 두려움이 없습니다. 두려움 없이 미지의 곳, 새로운 것에 대한 호기심을 불태웁니다. 그것을 직접 확인하고 체험하는 데 겁을 내지 않았기 때문에 30년을 해외에서 도전하고 배우고 획득하고 또 새로운 것에 도전하면서 살아온 것 같습니다."

그는 또 힘주어 말한다. "요즈음 젊은이들은 미래에 대한 불안감으로 위축된 것 같습니다. 두려움을 걷어내고 해외로 나가보면 국내에서 제한된 경쟁을 하는 것보다 분명히 더 많은 기회를 잡을 수 있을 것이라 확신합니다."

사방이 막힌 상황에 빠져 좌절감을 느끼면서도 두려움에 빠져 돌파구를 뚫기를 주저하는 이들이 많다. 그들에게 김한기 씨의 도전기를 들려주고 싶다. 30년 세월 해외를 누비며, 더욱이 연교차 100도의 혹독한 지역에서 두려움 없이 성공을 일구어온 그의 삶을 보며 새로운 발상이 일어나기를 바란다.

한국인 최초
피렌체대학 박사
박상균 회장

1970년대의 이탈리아 유학생

과거 해외 유학은 바늘구멍보다 좁은 기회였다. 보릿고개가 존
재하던 찢어지게 가난한 시절에는 유학은 꿈도 꾸기 어려운 일이
었다. 누구나 마음만 먹으면 해외 대학에서 공부할 수 있는 경제적
여건과 기회가 갖추어진 지금의 대한민국과는 완전히 다른 상황이
었다.

그런데 그 어렵던 시절에 유학을 떠난 소수가 있었다. 박상균 회
장이 그 특별한 사람 중 한 명이다. 1973년 박상균 회장은 이탈리
아 피렌체대학으로 유학을 떠났다. 앞에서 말했듯 그 당시에는 해

외 유학 자체가 매우 특별한 경우였다. 바늘구멍을 뚫고 유학길에
올라도 미국의 대학으로 가는 게 보통이었다. 그런데 박상균 회장
은 미국이 아니라 유럽으로 떠났다. 그것도 영국이나 독일이 아닌
이탈리아 피렌체로 갔다. 희귀한 사례라 할 수 있다.

박상균 회장은 서울대학교 신문대학원에서 석사학위를 받고 피
렌체대학에 입학하여 르네상스 문예 부흥과 문화사를 공부했다.
그리고 한국인 최초의 피렌체대학 박사학위 취득자라는 기록을 얻
었다. 그는 졸업 후에도 이탈리아를 떠나지 않았고 지금도 밀라노
에 살고 있다.

그에게는 70세가 넘은 노인의 모습은 도무지 보이지 않는다. 항
상 에너지가 넘치는 가운데 왕성한 활동을 하고 있다. 1985년 밀라
노 한글학교 초대 회장을 맡은 이후 지금도 민주평화통일자문회의
의 자문위원, 이탈리아 입양인 후원회장, 밀라노 한인회장으로서
열정을 불태우며 일한다. 거기다 몇몇 장학회를 이끌고 있다.

애국심을 펼칠 더 넓은 공간

박상균 회장을 처음 만났을 때 그로부터 받은 첫 느낌은 '애국
자'였다. 그의 정열적 삶은 깊은 애국심에서 우러난 듯 보였다. 그는
중부 유럽과 중동·아프리카 지역의 민주평화통일자문회의가 단
일 조직으로 묶여 있었을 때 총괄 협의회장을 역임했다. 그리고 지

금까지 민주평화통일자문회의 이탈리아 회장을 맡아왔다. 박 회장은 이탈리아를 비롯한 유럽에 북한의 실상을 제대로 알리기 위해 고군분투하고 있다. 탈북자 초청 강연회를 주관하는 등 북한에 대한 이해를 높이고 한반도 평화에 대한 관심을 고취하기 위한 제반 활동에 헌신해왔다. 북한 수용소에 수감되었던 탈북자가 제작한 판화를 전시하기도 했고 밀라노 인근 도시에서 북한 인권 전시를 개최한 일도 있다.

또한 한글학교에서 한국어와 한국 역사를 공부하는 어린이들을 대상으로 분단 한국의 현실을 제대로 인식시키고 남북통일에 대한 비전을 전파하는 통일 프로그램도 꾸준히 운영 중이다. 2016년, 박 회장은 이탈리아 하원이 「북한 인권에 관한 결의문」을 채택하는 데 주도적인 역할을 했다. 이 결의문에는 북한의 핵 실험 중단을 촉구하는 내용이 담겼는데, 핵 실험에 대한 추가 제재를 언급하면서 이를 엄중히 규탄했다.

이탈리아는 유럽연합EU 국가 중 북한과 최초로 수교했으며 지금도 사회당과 공산당이 북한과 교류하고 있다. 박 회장은 이탈리아 지도층들로 구성된 로터리 클럽이나 라이온스 클럽 등과도 긴밀한 인적 네트워크를 형성하고 있다. 그의 이러한 활동들은 유능한 외교관 수십 명이 장기간 열심히 일해서 얻은 성과보다 더 클지도 모른다.

그가 이탈리아로 유학을 갔던 1970년대의 대한민국 국가 위상은 초라하기 그지없었다. 오늘날 대한민국이 경제, 문화, 스포츠 등 다방면에서 세계 10대 강국에 오를 것이라고는 상상하기 어려웠다. 하지만 지금은 한국인을 대하는 지구촌 가족들의 태도와 자세가 우호적으로 바뀌었다. 그래서 한국인들이 해외로 진출해서 성공할 가능성이 과거보다 훨씬 더 커졌다. 특히 개발도상국들은 한국인들이 자기 나라로 와서, 한국이 지난 수십 년간 이룩한 성공 경험을 공유하기를 바라고 있다. 박상균 회장이 한국인에게 낯선 이탈리아로 유학을 떠날 때는 상상조차 못 했던 기회가 펼쳐지고 있는 것이다. 이 호기를 잘 활용해야 한다.

자신의 애국심을 펼치고자 하는 사람은 해외라는 또 다른 공간에 대해서도 깊이 생각했으면 좋겠다. 좁은 국내에 머무르려 고집하지 말고 더 넓은 세계로 과감하게 진출하려는 호연지기를 품기 바란다. 그러면 전 세계 곳곳에서 박상균 회장과 같은 인물이 수없이 생길 것이다. 세계인으로서 큰 역할을 하는 한국인의 숫자가 늘어나기를 염원한다.

인도 공과대학교
한국동문회장
판카즈 아가르왈

IIT의 수재

인도에서는 "IIT Indian Institute of Technology(인도 공과대학교)에 떨어지면 미국의 MIT Massachusetts Institute of Technology(매사추세츠 공과대학교)에 간다"는 말이 있다. IIT는 그만큼 소수 천재만이 들어갈 수 있는 명문 대학으로 꼽힌다. 구글의 CEO 선다 피차이 등 수많은 글로벌 기업 CEO가 IIT 출신이다. 나도 LG전자 인도 법인장으로 근무하면서 IIT 출신을 여러 명 채용하여 함께 일한 경험이 있다. 그들은 특히 IT와 빅데이터 분야에 강점을 보유했다.

판카즈 아가르왈은 인도에서 가장 가난하고 인구밀도가 높은 비하르주 출신이지만, IIT 칸푸르 캠퍼스를 수석으로 졸업한 수재이다. 그는 졸업과 동시에 삼성전자에 스카우트되었다. 서울대학교 대학원에서 2년간 공부를 시켜주고 졸업 후 삼성전자 본사에서 근무하는 조건으로 계약한 것이다. 서울대학교 대학원을 졸업한 칸푸르는 하버드대학교 MBA 과정을 공부하고 싶다고 삼성에 요청하였고, 회사의 지원으로 뜻을 이루었다. MBA를 취득한 후 한국에 왔고 삼성전자에서 미래 기술을 연구하는 선행개발 부서에서 근무했다. 그리고 사내 벤처 제도인 C랩 프로그램을 통해 2017년 태그 하이브Tag Hive라는 벤처기업을 창업했다. 판교테크노밸리에서 문을 연 태그 하이브는 2021년 1월 서울 강남으로 사무실을 이전하며 사세를 확장하고 있다.

내가 판카즈를 처음 만난 것은 그가 삼성전자에 근무하며 창업을 꿈꾸던 시기였다. 나는 그에게 창업을 적극 권유하였다. 지금도 메신저로 안부를 주고받으며 가깝게 지낸다. 가족 간에 서로 방문하면서 가까운 친척처럼 교류하고 있으며 가끔 경영 자문도 한다. 태그 하이브 직원 대상의 강의를 한 적도 있다.

판카즈는 나를 한국 아버지Korean Father라고 부른다. 판카즈 가족이 인도 콜카타에 있는 부모님을 방문하러 갔다가 코로나19로 한국에 돌아오지 못하고 장기간 발이 묶여 낭패스러운 상황에 처했을 때, 내가 주인도 한국 대사관과 인도 한인회와 협의하여 한국 교민 수송을 위해 한국 정부가 마련해준 특별기에 판카즈 가족

4명이 탑승할 수 있도록 주선해주기도 했다.

판카즈는 매일 새벽에 일어나 밤늦게 잠자리에 들 때까지 하루를 삼등분하여 산다. 보통 사람이 3일 동안 하는 일을 하루에 해낸다. 그가 세 배의 일을 하기 위해 열정적으로 노력하는 모습을 볼 때마다 같은 인간으로서 경외하는 마음을 느낄 정도다.

해외 진출 인도인에게 배우기

전 세계 어디를 가나 현지에 진출한 인도인들이 열심히 살면서 성공한 모습을 볼 수 있다. 두바이 인구의 50%는 인도인이 차지했다. 사실상 인도인들이 두바이를 운영하고 있다고 해도 과언이 아니다. 두바이인뿐만 아니라 GCCGulf Cooperation Council(걸프협력회의, 사우디아라비아·쿠웨이트·아랍에미리트·카타르·오만·바레인이 회원국) 6개국도 마찬가지 상황이다. 동남아시아의 화교들처럼, 동아프리카 주요 국가들의 경제권은 인도인들이 실질적으로 장악하고 있다.

인도인들의 어떤 특성이 인도인들의 성공적인 해외 진출을 가능하게 했는지, 나의 4~5년간 인도 경험을 바탕으로 정리해보겠다.

첫째, 도전성이다. 워낙 경쟁이 치열하기 때문에 약간이라도 기회가 보이면 과감히 도전한다. 우물쭈물하거나 위험 요소를 요리조리 계산하다가는 다른 사람에게 기회를 빼앗길 수 있다. 그래서 더 빨리 기회를 선점하기 위해 항상 도전한다. 도전하기 위해서는 늘 과감한 질문을 스스럼없이 한다. '주저'라는 단어는 인도인들에게 없다.

둘째, 적응력이다. 인도는 워낙 가난한 데다 다양한 지형과 기후가 존재한다. 과거 500개의 부족 국가가 남긴 서로 다른 전통과 관습이 공존하고 있다. '다름'은 인도인들에게는 상식이다. 그들은 환경을 탓할 사치스러운 처지가 못 된다. 무조건 참고 견디며 빨리 잘 적응하는 게 인도인들의 특징이 되었다.

셋째, 성실성을 바탕으로 한 추진력이다. 한국인들에게도 잘 알려진 영화 〈세 얼간이〉와 〈슬럼독 밀리어네어〉의 원작 소설을 쓴 체탄 바가트를 만난 적이 있다. 2016년 10월 뭄바이에서 개최된 딜러 초청 신제품 설명회 자리에서였다. 나는 그와 사적인 대화를 나누면서 성실함과 추진력에 깊은 인상을 받았다. 학창 시절 크리켓 광이었던 그는 크리켓 용품을 판매하는 가게를 운영했고, IIT 졸업 후에는 엔지니어의 길로 들어서지 않고 MBA를 마친 후 골드만삭스에 입사해서 M&A 전문가로 성장했다. 이후 도이치뱅크 임원으로 스카우트되어 몇 년 근무하다가 그만두고 소설을 쓰기 시작했다. 그가 쓴 소설은 출간되는 책마다 수백만 부가 판매된다. 무엇을 선택하든 과감히 도전하고 엄청난 성실성으로 모든 역량을 쏟아부어 성공을 이루어낸다. 성공한 인도인 중에는 체탄 바가트와 비슷한 유형의 인물이 드물지 않다.

넷째, 외국어 구사 능력이다. 인도인들은 치열한 경쟁 속에서 오랜 세월 살아오면서 남들과 차별화할 수 있는 것이면, 그것이 무엇이든 열심히 하는 속성이 있다. 외국어 학습도 그 대상 중 하나이다. 외국어 공부를 필사적으로 하기 때문에 단기간에 거의 원어민 수준으로 해당 외국어를 구사하는 수준에 오른다. 판카즈의 한국어 구사 능력은 일반 한국인들 못지않다. TV 방송에 자주 출연하는 방송인이자 사업가 럭키Lucky도 평균적인 한국인들만큼 한국어를 말한다.

판카즈나 럭키가 한국에 와서 성공했듯이 우리나라 젊은이들도 해외에 나가서 성공할 수 있다. 그리고 그런 젊은이들이 늘어나야 한다. 그들에게 판카즈를 비롯한 인도인들의 성공 비결은 좋은 본보기가 될 것이다. 우리 젊은이들이 한국에서 활동하는 외국인들과 자주 접촉하면서 그들로부터 도전성과 적응력을 배우고 무엇인가를 깨닫고 도전 의지를 다진다면 미래를 위해 매우 바람직할 것이다.

한국에 사는
외국인들

그 나라의 전문가 되기

요즘 한국어를 유창하게 구사하며 한국에 대한 이해가 깊은 외국인들의 숫자가 늘고 있음을 피부로 느낄 수 있다. 각종 TV 프로그램에 출연하여 수준 높은 한국어 실력과 해박한 한국 역사 지식을 뽐내는 외국인들이 드물지 않다. 이런 모습을 볼 때마다 외국에 사는 한국인들이 외국 TV 방송에 나와서 현지인들에 뒤처지지 않는 현지 언어를 구사하면서 방송 활동을 할 수 있을지를 고민해본다.

국경 밖에서 꿈을 펼치며 위대한 성취를 이루는 한국인이 된다는 것은 한국인으로서 정체성과 강점을 유지하면서도 현지화되는 균형에 도달함을 의미한다. 현지의 언어에 능숙하고, 현지의 역사와 문화에 대한 지식을 갖고, 그 지역에 관심과 사랑을 두는 경지에 이르는 것이다. 우리가 한국에 사는 외국인에게 바라는 것과 마찬가지다.

앞에서 이야기한 성공 스토리의 주인공인 코린도 그룹 승은호 회장, 남아프리카공화국 장승규 사장, 파라과이 오병수 사장 등은 지적으로나 정서적으로 현지에 깊이 뿌리를 내렸다는 공통점이 있다. 그들은 해당 국가의 사업에 관한 한 탁월한 전문가이다.

한국에 사는 외국인과의 협력

2012~2013년 2년간 LG전자의 GMOGlobal Marketing Officer로서 전 세계 70여 개국에 진출한 해외 법인들을 지원하는 책임을 맡았다. 해외 법인에 근무하는 직원은 한국에서 파견된 소수의 본사 인원과 현지에서 채용한 외국인으로 구성된다. 그런데 현지 채용 직원들은 한국과 LG전자에 대한 이해 부족으로 업무 생산성이 떨어지는 경우가 종종 생긴다. 이 문제를 해결하기 위해 한국에 있는 대학에 유학해 공부하는 외국 학생들을 채용하여 1~2년간 한국에서 일하게 한 다음 그들의 모국에 진출한 LG전자 해외 법인에서 근무하게 하는 제도를 운영한 적이 있다. 나는 이 프로그램을 매우 참신한 방안으로 여겨서 큰 기대를 안고 시행했다.

하지만 이 제도는 오래가지 못하고 없어졌다. 그 이유는 그들이 한국에서 근무하며 받았던 급여와 복지 혜택과 자신들의 모국에 있는 LG전자 법인에서 받는 급여와 복지 혜택의 차이가 너무 컸기 때문이다. 이들은 자신들의 모국에서도 한국에서 받던 수준의 급여를 요구했는데, 회사는 기존 현지 직원들과의 형평성을 고려하여 이것을 수용할 수 없었다. 이들 중 일부는 현지에서 한국 식당을 개업하거나 한국인 대상의 여행사를 운영하고 있다.

이렇게 참신한 아이디어도 실제로 실행해보면 찻잔 속의 태풍에 그치는 일이 잦았다. 현실의 장애물을 만나서 원래 취지에 맞게 추진할 수 없는 경우가 종종 생겼다. 이상과 현실의 간극gab이 엄연히 존재했던 것이다. 그래서 계획 단계에서 여러 가지 현실적 제약 요소들을 충분히 찾아내서 대응책을 미리 준비하고 실행해야 함을 배웠다. 안전하고 효과가 큰 예방 백신을 개발하는 데 수년에 걸친 임상이 필요한 것과 같은 이유다.

개방 경제 체제의 한국은 외국과의 관계를 벗어나서는 한순간도 생존할 수 없다. 한국인 개인이나 기업도 마찬가지다. 외국에서 외국인, 외국 기업과 관계를 맺어야 한다. 그런데 이는 한국에 근거를 둔 개인이나 기업도 마찬가지다. 국내에서 다양한 외국인과 어울려 살아갈 수밖에 없다. 이때 외국인과 어떤 관계를 맺고, 어떻게 대해야 할지, 이들에게 어떤 협력을 얻어내야 할지 전략적 고민이 필요하다.

III

내가 만난
세계

일천억 달러
황금 시장

1990년 동유럽

1990년대에 접어들면서 세계는 거대한 역사의 소용돌이 속으로 휘말려들었다. 베를린 장벽이 무너졌고 헝가리의 붉은 벽이 사라졌으며 체코에 비공산 정부가 들어섰다. 루마니아의 독재자 차우셰스쿠가 처형되었다. 불가리아의 35년 독재자 토도르 지프코프 또한 실각했다. 나는 초대 오스트리아 비엔나Vienna 지사장을 맡은 지 1년 만에 부다페스트 초대 지사장으로 부임했는데 그 시기 동유럽에서는 사회주의의 몰락이 연일 보도되고 있었다.

나는 그 땅에 자본주의를 심으러 들어간 셈이다. 당시 동유럽 국가들은 망망한 대해에서 태풍을 만난 배처럼 그들 모두를 싣고 표류하고 있었다. 코메콘COMECON, Council for Mutual Economic Assistance(공산권경제상호원조회의)과 바르샤바조약기구라는 배를 타고 한 조각의 빵을 나누어 먹으면서 사회주의라는 우정을 약속했던 형제국들이 각자도생을 외치며 뿔뿔이 흩어지고 있었다.

그런 동유럽에 경쟁사들보다 먼저 들어가서 시장 기반을 구축하여 일천억 달러의 황금알을 낳는 시장에서 1등 LG를 달성하라는 특명을 받았다. 1992년에는 한국 기업으로는 최초로 헝가리에 동유럽 법인까지 설립했다.

30년이 지난 지금 돌이켜보면 고르바초프가 '페레스트로이카'와 '글라스노스트'를 이끌며 가장 먼저 개방과 개혁을 주도한 러시아와 이후 같은 길로 들어선 동유럽 국가들의 경제 상황은 그동안 많이 개선되었다. 하지만 서유럽 국가들과의 격차는 별로 좁혀지지 않고 있다. 서유럽 국가들의 엄청난 지원과 현지 투자에도 불구하고 사회주의라는 70년 된 낡은 집을 고치는 데 드는 비용은 자본주의라는 새집을 짓는 데 드는 비용보다도 더 비싸 보인다. 앞으로 더 많은 자본과 시간이 필요한 것 같다. 헌 집을 수리하는 상황을 생각해보자. 문짝을 고치려면 문틀을 바꾸어야 한다. 문틀을 바꾸려면 벽을 헐고 기둥을 고쳐야 한다. 결국은 집 전체를 수리해야 하는 한다. 이와 마찬가지로 엄청난 비용과 시간이 드는 것이다.

30년 전 동유럽이 우리의 미래 먹거리를 가져다줄 일천억 달러

시장으로 황금알을 낳는 거위가 될 것이라고 힘주어 강조하던 정치인들과 언론들은 오늘의 동유럽 상황을 어떻게 설명할까?

나는 동유럽의 지난 30년간 변화를 지켜보면서 북한을 생각해 봤다. 통일이 되든 되지 않든 북한이 자유 시장 경제 체제를 도입하겠다고 결심한다 해도 동유럽의 30년보다 더 오랜 시간이 걸려야 변화할 수 있을지도 모른다.

2006년 두바이

2006년 1월 30일, 나는 중동·아프리카 지역 대표로 두바이에 부임하였다. 중동 22개국과 아프리카 56개국을 담당하는 중책이었다. 이 지역의 면적은 전 세계의 13%나 된다. 하지만 GDP는 고작 4%를 차지하는 가난한 시장이었다.

그런데 당시 원유 가격이 급상승하여 배럴당 100달러를 넘어섰다. 어쩌면 200달러까지 오를 수도 있다는 예측이 나왔다. 사우디아라비아, 쿠웨이트, 카타르, 이란, UAE, 나이지리아, 앙골라 등 산유국들은 증가하는 원유 판매 금액을 주체할 수 없어 가공할 만한 수준의 사회 인프라 구축에 투자했다. 한국의 건설 업체들은 제2의 중동 붐을 기대하면서 현지 진출에 박차를 가했다.

그중에서도 언론의 스포트라이트를 가장 많이 받던 곳이 알막툼이 통치하던 두바이였다. 전 세계의 정치·경제·문화 지도자들은 알막툼의 창조적 통치와 경제 건설 방식을 배워야 한다고 역설하며 두바이를 방문했다. 수많은 기업이 경쟁적으로 두바이에 사무실을 개설하고 주재원을 상주시켰다. 그래서 주재원 자녀들이 두바이 소재 외국인 학교에 들어가는 게 하늘의 별 따기였다. 한국은 아부다비에 200억 달러 규모의 원전을 건설하는 프로젝트를 수주했다. 이명박 대통령이 이 계약서 서명식에 참석하여 서명하고 양국 협력 방안에 대해 발표하는 장면이 한국 9시 뉴스에 실시간 생중계되기도 했다. 일부러 서명 행사를 한국 9시 뉴스 시간에 맞추어 열었기 때문이다.

두바이 정부는 국력을 과시하기 위해 2020년 엑스포를 유치했지만, 코로나19 때문에 개최되지 못하고 일단 2021년으로 연기되었다. 카타르는 2022년 월드컵 경기 개최국으로 선정되었다.

지금 시점에서 보면 15년 전 흥분할 정도로 꿈과 희망에 부풀게 했던 그 지역에 우울한 그림자가 드리워진 걸 느낀다. 유가는 그 당시보다 3분의 1로 떨어졌다. 그래서 재정 적자를 걱정해야 하는 처지다. 부동산 가격은 폭락하고 사무실과 호텔들의 공실률은 높아지고만 있다. 15년 전 통치자들은 하나둘씩 사라졌고 뒤를 이은 새로운 지도자들은 이 난국을 헤쳐나갈 능력이 부족하다.

30년 전 동유럽이 일천억 달러의 황금알을 낳는 거위라고 기대했다가 실망스러운 현실을 바라보듯이, 15년 전 제2의 중동 붐을 기대하며 열사의 땅에서 이리 뛰고 저리 뛰면서 비즈니스를 발굴해온 우리는 오늘의 실망스러운 결과에 또 한 번 어깨가 처진다. 근거 없는 낙관적 희망은 금물이다.

2015년 인도

2015년 8월 1일 인도 법인장으로 부임했다. 나는 희한한 운명을 타고난 듯하다. 세계에서 가장 화제를 불러일으키던 지역에서 새로운 바람을 불어넣는 임무를 번번이 맡았으니 말이다.

2015년 인도는 모디 총리가 현란한 리더십을 발휘하며 세계의 주목을 받았다. 그리고 인도는 한국 기업들에 중국 시장을 대체하는 미래 핵심 전략 시장으로 급부상하였다. 그런데 부임하여 몇 달간 현황을 파악하고 시장조사를 해보니 겉보기와 크게 달랐다. 실상은 10년간 시장 규모가 거의 성장하지 않았다. 농업 위주의 산업구조 때문에 가난한 농부가 대부분인 소비자들의 구매력이 좀처럼 올라가지 않았기 때문이다.

너무 가난한 나라여서 시중에 돈이 없었던 것이다. 인도는 수십 년간 항상 시장 잠재력이 어마어마하다는 평가를 받았지만, 수천 년간 가난에서 벗어나지 못한 소비자들의 구매력은 해외 투자자들의 지갑을 채워주지 못하고 있었다. 인도의 가난은 그 역사가 장구하다. 혜초의 『왕오천축국전』에도 이에 대해 잘 묘사되어 있다. 그때와 지금이 별로 다르지 않다.

그러나 모디 총리는 2016년 11월 과감하게 화폐개혁을 단행했다. 그리고 2018년 전격적으로 GST(부가가치세)를 도입했다. 8년간을 끌어오던 과제였다. 이로써 고질적인 지하경제를 종식시키고 투명성을 혁명적으로 개선하는 발판을 마련했다. 지금 인도는 자유시장 경제 체제가 안정적으로 활착하고 있어 앞으로 괄목할 만한 성장이 예상된다.

경계하며 기회를 포착하기

30년 전의 동유럽, 15년 전의 중동과 아프리카, 최근 인도의 부상. 이 시기마다 나는 현장의 중심에 서 있었다. 야전 사령관으로서 고지를 선점하기 위해 분투했다. 신바람 나게 열심히 일했다. 참으로 많은 것을 배운 시기였다. 그런데 내가 얻은 가장 큰 교훈은 개인이든 국가든 변화라는 것은 생각처럼 쉽게 일어나지 않으며 치밀한 계획을 수립하고 치열하게 실천하지 않으면 변화를 위한 개혁은 성공하기 어렵다는 것이다.

그러나 이 세 지역 모두 이제는 지금까지의 시행착오를 통해 터득한 지혜를 밑거름으로 본격적인 변화를 가져올 것이다. 실망하기에는 이르다. 이 지역들에 더 과감한 투자를 해야 한다. 이 지역들에 대한 축적된 지식과 경험을 바탕으로 적극적 진출도 고려해볼 만하다.

흔들릴 때
마음을 잡는 법

방황과 혼돈 속에서

38년간 조직 생활을 하면서 현실에 실망하고 좌절하면서 마음이 흔들릴 때가 여러 번 있었다. 비단 회사 생활뿐만 아니라 사적 일상에서도 내가 추구하는 방향으로 살아가는 데 방해가 되는 유혹이 있었다. 선함을 포기하고 싶을 때도 있었다.

이럴 때 나는 『고백록』을 쓴 성 아우구스티누스St. Augustine의 삶에 대해 성찰하곤 했다. 그는 젊은 시절 마니교에 빠져 하느님을 애써 외면하면서 방탕과 혼돈 속에서 살았다. 정욕을 참지 못하고 여자친구를 강간하기도 했다. 그런 그가 암브로시우스 주교의 설교를 들은 후 회심했다. 그는 하느님을 다시 바라보았다. 그리고 단순하고 소박했던 초기 기독교 복음을 논리적 철학과 믿음을 강조하는 종교 체계와 긍정적으로 결합함으로써 기독교 교리를 조직하여 『신국론』을 완성했고 성인으로 추앙받고 있다.

감히 성 아우구스티누스와 나 자신을 비교할 수는 없다. 그러나 그가 방황과 혼돈 가운데에서 어떤 계기로 마음을 다잡고 새로운 삶을 개척하여 성인의 반열에 오른 것처럼, 나도 그러한 계기를 한 번 만들어봐야겠다고 결심하곤 한다. 만분의 일이라도 그의 변화를 좇을 수 있다면 도전할 만하다.

위기 속의 기회

2008년 미국발 세계 금융위기 여파로 전 세계적 신용 경색이 일어났다. 시장이 급랭하여 매출이 격감하고 손익 구조가 급속도로 악화되었다. 이 위기를 어떻게 극복할지에 대해 심각하게 고민하면서 '위기危機'라는 한자어의 뜻을 되돌아보았다. 위기란 위험한 고비나 시기를 의미하지만, 한자어 구성이 위험危과 기회機가 합쳐서 이루어진 합성어라는 사실이 흥미롭다. 즉 위기에는 기회가 존재함을 암시하는 것이다.

세계 금융위기의 절박한 상황에서 새로운 기회를 찾으려 애썼다. 간부 직원들과 함께 위기를 기회로 반전시킨 여러 사례를 연구하기도 했다. 그중 재미있는 사례가 눈에 띄었다. 도널드 트럼프였다. 트럼프는 뉴욕 부동산 시장에서 위기를 극적으로 반전시켜 성공했는데, 그가 취한 전략은 불황 때 더 투자하는 것이었다.

이러한 전략을 벤치마킹하기로 방향을 정하고 유통 업자들에게 몇 가지 투자 방안을 제시했다. 하지만 "고정자산을 축소하는 이 불황기에 어떻게 고정자산을 증가시키는 투자를 권하느냐?"며 한결같이 부정적인 반응을 보였다.

할 수 없이 독자적인 유통 투자로서 브랜드숍을 늘리기로 했다. 국가별 목표를 수립하고 과감하게 자원을 투입하여 LG 브랜드숍을 대폭 늘렸다. 불황 때에는 모든 비용이 저렴하다. 그때도 브랜드숍 한 곳을 개점하는 투자 비용이 평소의 절반밖에 들지 않았다.

2008년 9월에 발발한 세계 금융위기가 몰고 온 불황은 그 후 1년 뒤부터 회복되기 시작했다. 이때 투자한 LG 브랜드숍은 개점 첫해부터 흑자를 내기 시작했고 시장 점유율도 올라갔다. 우리는 여기서 만족하지 않았다. 내부 반대를 무릅쓰고 두바이 제벨 알리 특구에 중동·아프리카 최초의 연수원LGE Learning Center을 신축했다. 세계 100대 위대한 기업 중 26개 기업이 불황 때 인재 육성에 과감한 투자를 했다는 사실을 발견하고 겁 없이 따라해본 것이다.

나는 직원들에게 자주 이야기한다. "6·25 동란 때 사람들이 대부분 피난을 가고 살아남기 위해 묘책을 고민했다. 그런데 이때 사업을 구상해 창업한 사람들도 있었다. 그들이 오늘날 한국의 주류 대기업들이다."

두바이에 루루LuLu라는 초대형 유통 기업이 있다. 이 회사는 1992년 걸프 전쟁 때 위험을 무릅쓰고 미군을 포함한 서방 연합군에 평상시 가격으로 전투식량을 공급하였다. 전쟁이 끝난 뒤 연합군의 일원이었던 아랍에미리트, 사우디아라비아 등의 GCC 국가들이 루루에 보답하기 위해 많은 특혜를 제공했다. 그 결과 오늘날 중동 제1의 유통 업체로 성장할 수 있었다.

어떤 상황 변화로 위기가 찾아와서 흔들릴 때는 방어적으로 움츠러들지 말고 그 반대로 공격적으로 투자하는 것이 상황을 반전시키는 길임을 역사적 사례를 바탕으로 확인하였고 또한 직접 실천해봄으로써 깨닫게 되었다.

앞에서 잠깐 이야기했듯이, 오늘날 K팝의 화려한 성공은 국내 음반 시장 축소와 디지털화라는 위기 속에서 시작되었다. 이 위기를 극복하기 위해 세계 시장이라는 새로운 기회를 향해 투자했기에 비약적 도약을 할 수 있었다.

저출산 고령화, 경기 침체, 저성장의 와중에 코로나19라는 악재가 터졌다. 절망스러운 상황에 움츠러드는 것은 자연스럽게 느껴진다. 그러나 위기와 기회는 동전의 양면처럼 함께 존재한다. 이 위기 속에서 기회의 측면을 보아야 한다. 침체에 빠진 한국인들이 이러한 사례를 깊이 이해하고 더 도전적이며 진취적인 기상을 회복했으면 하는 바람이다.

우문현답

해봤어? 확인해봤어?

고 정주영 회장의 저서 『이봐, 해봤어?』는 베스트셀러로 큰 사랑을 받았다. 현장 중심의 실천에 대한 정 회장의 강렬한 메시지는 한국 비즈니스맨들의 마음을 움직였다. 그리고 몇몇 국가에 번역 출간되기도 했다. "해봤어?"와는 조금 다른 맥락이지만, 나도 같은 스타일의 질문을 자주 던진다. 회사 업무를 수행하면서 직원들에게 "확인해봤어?"라고 수시로 묻곤 한다.

2006년 1월 30일 중동·아프리카 지역 대표로 부임한 후 가장 먼저 부닥친 골칫거리가 있었다. 대추야자 냉장고(대추야자를 보관하는 냉장고) 장기 재고 3,000대를 처분하는 것이었다. 중동 사람들은 거의 매일 대추야자를 먹는다. 그런데 대추야자 수확은 1년에 한 번 7~8월에만 이루어진다. 이 사실에 착안하여 대추야자 냉장고를 만들어 출시하였다. 한국인이 김치 냉장고를 애용하듯 중동 사람들에게도 대추야자 냉장고가 꼭 필요하다고 판단한 것이다. 커다란 포부를 품고 세계 최초의 대추야자 냉장고를 개발하여 야심차게 내놓았으나 결과는 실패였다. 소비자들의 외면을 받아 장기 재고로 창고에서 잠자는 신세가 되었다.

나는 먼저 대추야자를 판매하는 가게들을 방문하여 소비자들의 대추야자 구매 현장을 관찰하였다. 가게 점원들과 대화하면서 대추야자 수확은 1년에 한 번만 하지만, 판매는 1년 365일 매일 거의 비슷한 물량 단위로 이루어짐을 알게 되었다. 몇몇 대기업이 독점적으로 대추야자를 재배·수확·저장·유통·판매하기 때문이었다. 소비자들은 며칠 먹을 정도의 양만 구매하면 되었다. 굳이 수확 철에 맞추어 대규모 물량을 한꺼번에 구매할 필요도 없고 보관할 이유도 없었다.

이러한 현실을 확인하지도 않고 상상력에 근거한 자의적인 판단으로 신제품을 개발하여 낭패를 본 것이다.

현장에 답이 있다

조직의 리더로 일하다 보면 사무실에서 보고 받는 내용과 현장에서 확인한 상황이 다른 경우가 의외로 많다. 특히 사고방식과 문화가 다른 외국에서는 짐작한 상황과 실제가 큰 차이를 보이곤 한다. 이때 현장을 찾아 확인하지 않으면 치명적인 오판에 빠지게 된다. 확인 과정 없이 한 번 잘못 판단하면 여기서부터 자기만의 상상이 꼬리에 꼬리를 물고 발전하여 걷잡을 수 없이 틀어지게 된다.

일이 잘 풀리지 않을 때도 현장 확인이 중요하다. 해결하기 어려운 과제들에 대해 현장에서 관찰하면 신기하게 답을 얻을 수 있는 경우가 많다.

나는 어려운 문제가 있을 때마다 매장이나 소비자 가정 방문을 통해서 해결의 실마리를 얻곤 했다. 특별한 일이 없으면 점심 후 2~3개의 매장을 방문하고 사무실로 돌아와서 매장에서 발견하거나 들은 내용을 바탕으로 직원들과 토의했다. 그 자리에서 매장을 방문한 소비자들이 우리 제품을 더 많이 구매하게 할 새로운 방법들을 찾아내곤 했다.

아이디어가 빈곤해지면 소비자들이 직접 제품을 구매하는 현장으로 달려가라. 그곳에 찾고자 하는 답이 있다. 해외에서는 현장 확인이 필수다. 제품 개발이든 마케팅이든 현장에 대한 철저한 이해를 바탕으로 출발해야 한다. 현장 확인 원칙을 네 자짜리의 간단

한 구호로 만들었다. "우문현답!" 그 본래의 뜻과는 달리 쓴다. "우리의 문제는 현장에 답이 있다"를 줄인 말이다.

문제의 대추야자 냉장고는 어떻게 처리했을까? 한국 교민들에게 김치 냉장고 대용품으로 판매하여 완판을 기록했다.

냉장고,
자동차,
3D TV

시장조사 결과와 현실의 차이

비즈니스 세계의 비정하고 치열한 기업 간 경쟁에서 이기는 유일한 길은 고객 만족이다. 고객을 만족시키는 출발점은 고객이 원하는 제품을 개발하여 내놓는 것이다. 나는 해외 법인 리더로 일하면서 현지 소비자들이 원하는 제품을 내놓기 위해 전력을 다해왔다.

인도 법인장으로 근무할 때도 마찬가지였다. 인도 소비자들이 원하는 냉장고를 만들기 위해 혼신을 쏟아부었었다. 우선 그들이 무엇을 원하는지 파악하기 위해 시장조사 기관의 도움을 받아 소비자 조사를 했고, 그 결과를 개발에 반영하여 신제품 냉장고를 출시했다. 하지만 큰 기대를 품고 시장에 내놓은 냉장고의 판매 실적은 매우 실망스러운 수준이었다.

전염병 역학조사를 하듯 실패의 원인을 치밀하게 짚어보았다. 그 결과 시장조사 기관의 소비자 조사 결과와 실제 사용 현황에 차이가 있음을 발견할 수 있었다. 예를 들어 설문조사를 할 때는 주 1~2회 육류를 먹는다고 답한 소비자가 실제로는 한 달에 한 번 정도밖에 고기를 먹지 않았다.

사람은 어떤 질문에 답할 때 사실 그대로를 말하기보다는 사회적 지위나 체면 등을 고려해 나름대로 적절한 대답을 한다는 뼈아픈 교훈을 얻었다. 그래서 그 이후로 컨슈머 리서치 전문 기관을 통한 소비자 조사보다는 가정방문home visit과 같은 심층 조사를 선호하게 되었다. 그 제품이 실제로 사용되는 환경에 대한 객관적 관찰로 컨슈머 니즈consumer needs를 파악하는 것이다.

인도의 냉장고 사용 현황을 조사하면서 한 가지 흥미로운 사실을 발견했다. 인도 가정 중에는 냉장고를 주방이 아닌 거실에 두는 집이 많다는 것이다. 냉장고를 부의 상징으로 여기고 방문객들에게 자랑하기 위해서다. 체면과 과시는 인도인들에게 매우 중요한 소구점이었다.

소비자의 속마음 이해하기

이와 비슷한 사례를 자동차 시장에서도 볼 수 있다. 신모델을 발표하는 모터쇼에 가보면 환상적인 신차들을 많이 볼 수 있다. 모터쇼를 관람하는 소비자들은 찬사를 아끼지 않는다. 이 목소리들을 들으면 신모델 차들이 잘 팔릴 것이라는 기대감이 든다. 하지만 그모델이 실제 출시되면 소비자들의 외면을 받는 경우가 왕왕 있다. 휘황찬란한 모터쇼가 수없이 반복되어도 도로를 질주하는 차들은 대부분 평범하다. 환상적인 디자인과 색상을 한 신모델들은 좀처럼 선택되지 않는다.

3D TV도 같은 맥락에서 생각해볼 수 있다. 제임스 카멜론 감독의 〈아바타〉가 3D로 개봉되어 1억 명이 넘는 사람들이 영화를 관람했다. 그들은 3D 화면 효과에 대해 경탄해 마지않았다. 이를 기폭제로 삼아 전자제품 회사들은 3D TV와 3D 모바일폰을 출시했다. 하지만 실패했다. 그 이유는 무엇일까?

인간 성향은 기본적으로 보수적이기 때문이 아닐까. 가끔 3D 게임을 하면 즐겁다. 영화관에서 3D 영화를 보아도 흡족하다. 하지만 자기 집 거실 중앙에 3D TV를 두는 것은 별개의 일이다. 코미디언들이 자기 자식들을 엄격한 유교적 환경 조건에서 교육하는 것과 비슷하다.

소비자는 까다롭고 변덕스럽다. 그래서 사업에 성공하기 어렵다.

까다로운 소비자들의 변덕이 나타나는 전형적인 장소가 식당이다. 지난 10년간 동네 식당들의 변천사를 떠올려보자. 어떤 새로운 유행의 참신한 식당이 개업하면 초기 몇 달은 줄 서서 기다려야 할 정도로 인기가 높다. 하지만 어느 순간 망하고 없어진다. 장기간 영업을 이어가는 곳은 중국집과 한식당 그리고 일식당 정도다. 인간은 뭔가 새로운 것에 호기심을 나타내고 이를 선호하는 것 같지만 본질적으로는 결국 무난한 것을 찾는다. 이래저래 사람은 잘 변하지 않는 것 같다.

본질 추구와
절차 준수

동구 진출의 교두보

1989년 봄, 초대 비엔나 지사장으로 발령받았다. 스위스·오스트리아 시장과 코메콘 7개국(동독, 체코슬로바키아, 폴란드, 헝가리, 루마니아, 불가리아, 알바니아)을 담당하게 되었다. 그런데 얼마 지나지 않아 노태우 정부가 공산권 국가로는 최초로 헝가리와 외교 관계를 수립하였다. 동유럽 진출의 중심이 헝가리에 형성되는 획기적인 사건이었다.

본사에서 동구 시장의 거점을 부다페스트로 옮기라는 지시가 떨어졌다. 그리고 경쟁사도 같은 움직임을 보이고 있다는 정보가

입수되었다. 나는 기선을 잡아서 동구라는 새로운 시장에서 경쟁사를 초기부터 압도해야겠다는 의지에 불탔다.

이를 실행할 방법 하나를 궁리했다. 비엔나와 부다페스트를 연결하는 고속도로 끝 지점인 부다페스트 입구 건물에 초대형 광고물을 설치할 계획이었다. 그래서 광고물을 설치할 아파트 주민들을 한 가구씩 방문하여 설득했다. 회사 로고가 인쇄된 쇼핑백 안에 'GOLDSTAR' 브랜드 오디오 카세트 2개씩을 넣어서 선물하며 아파트 옥상에 길이 38미터, 높이 9미터의 초대형 'GOLDSTAR' 간판을 설치해도 좋다는 동의서를 받았다.

그리고 이러한 광고 투자 품의서를 본사에 팩스로 보냈다. 본사 승인을 기다리는 동안 상황이 복잡해졌다. 우리 계획을 알아차린 경쟁사가 그것을 방해하기 위해 나섰다. 아파트 주민에게 고가의 선물을 뿌리면서 우리에게 써준 동의서를 무효화시키려는 책동을 진행했다. 나는 그 사실을 알고 취소 불가능한 광고물 설치 계약서를 부다페스트 시 당국과 서둘러 체결하고자 했다. 이를 위해 본사에 품의서 결제를 독촉했지만, 차일피일 지연되었다.

먼저 생각하고 앞서 준비하며 철저히 실행하기

마음이 몹시 바빴다. 본사의 승인을 기다리다가 어렵게 확보한 랜드마크적 광고물 설치 장소를 경쟁사에 빼앗길 것 같았다. 그래서 본사 최종 승인 없이 내가 계약서에 서명하고 공사를 진행하였다. 그 간판은 이후 10년 넘게 세계적으로 유명한 광고물로 화제가 되었다. 나는 그 점을 자랑스럽게 생각해왔다. 회사로부터 극찬을 받았고 그해 실적도 좋아서 '올해의 영업왕상' 금상을 받았다.

그런데 그 이후에 본사 진단팀으로부터 경위서를 제출하라는 메시지를 받았다. 경쟁사를 제치고 발 빠르게 광고물을 설치한 것은 영웅적 업적이지만, 본사 공식 승인 전에 계약서에 서명함으로써 절차를 어겼다는 지적이었다. 처음에는 억울하고 안타까운 감정이 북받쳤다. 하지만 시간이 지나면서 조직에서는 본질도 중요하지만, 절차 준수도 중요함을 깨닫게 되었다.

더 나아가 본질과 절차를 모두 충족하는 길에 대해 깊이 생각했다. 그러려면 항상 미리 먼저 생각하고 일찍 앞서 준비하며 철저히 실행해야 한다. 이것이 나의 업무 원칙이 되었다.

우리의 삶은 그 원인과 결과를 촘촘히 따지고 밝혀서 하는 일과 본능적 감각으로 느끼고 판단해도 되는 일로 이루어져 있다. 그것을 정확히 구분하기 위해서는 학습하고 경험해야 한다.

미래를 보는 안목

사라질 위기의 미래 전략 제품

1997년 말 외환위기를 극복하지 못한 한국은 구제 금융을 받으면서 IMF 통제 하에 놓였다. 정부 주도의 대대적인 구조조정이 거의 강압적으로 추진되었다. 대기업들에는 구조조정 목표가 할당되었다. 우리 회사도 울며 겨자 먹기로 어떤 사업을 구조조정하지 않으면 버틸 수 없는 상황이었다. 고심 끝에 내린 결론이 카 오디오 부문을 남성전기에 매각하는 방안이었다.

받아들이기 힘든 결정이었다. 나는 카 오디오 사업의 미래 가치를 높게 보고 있었다. 평소에도 "카 오디오를 시작으로 하는 전장 사업이 미래 먹거리로서 가장 중요한 제품군이다. 소득수준이 높아지면서 자동차 수요는 지속해서 증가하고 자동차 안에서 보내는 시간이 늘어나게 된다. 카 오디오에 다양한 부가 기능이 첨가될 수 있는 디지털 기술이 중요한데 기존 전통 카 오디어 업체들은 순수 오디오 기술은 뛰어나지만, 디지털과 디스플레이 기술은 없다. 오디오 기술, 디지털 기술, 디스플레이 기술을 모두 갖춘 기업은 우리 회사가 유일하다고 해도 과언이 아니다"라고 역설해왔다.

그런데 결국 말도 안 되는 헐값에 카 오디오 사업이 매각되고 말았다. 나는 이 현실을 받아들일 수 없었다. 해외 거래선들에게 설명할 용기도 나지 않았다. 그래서 카 오디오 개발팀 멤버들을 만났다. 그들은 11개월치 급여를 퇴직 보상금으로 받고 퇴사한 상태로, 도원전자라는 설계 용역 회사를 설립하여 대기업들의 연구 용역을 받아서 먹고살 계획이라고 했다.

그들에게 제안했다. "카 오디오 제품을 계속 개발해달라. 판매는 내가 책임지겠다. 생산은 보성사에서 하면 된다." 도원결의처럼 합의가 이루어졌다. 보성사를 찾아가서 동의도 받아냈다.

당시 러시아 거래선 책임자에게 상황을 설명하고 70만 대 오더를 받았다. 모든 게 순조로웠다. 그런데 LG 브랜드를 달고 시장에서 판매해야 하기에 AV사업부의 허락이 필요했다. 그동안 내가 진척시켜온 상황을 설명했다. 출하 품질 검사를 AV사업부에서 해주기로 했다. 결과는 대성공이었다.

포기할 수 없는 미래

도원전자, 보성사, AV사업부, 거래선 모두 만족이었다. 하지만 문제가 있었다. 정부 주도로 이루어진 일이긴 하지만, 회사는 카 오디오 사업을 매각한 상태였기 때문이다. 그 사업을 계속 진행하는 데에는 분명한 위험이 따랐다.

나는 적당한 방법으로 계획을 공개하기로 마음먹었다. 당시 CEO이던 구자홍 CU장께 함께 식사하는 자리를 빌려 간략한 현황을 설명드렸다. 그러나 구자홍 CU장은 아무런 언급도 하지 않으셨다. 동석한 김종은 본부장과 정광수 사업부장도 숨을 죽이며 CU장을 바라보았지만, 한마디도 들을 수 없었다.

그해 4월에는 '전략 CMConsensus Meeting'을 준비하면서 내부 토의 끝에 "수익성 위주로 제한된 시장에서 카 오디오 사업을 지속하겠다"는 내용을 보고서에 한 줄 넣었다. CM 보고를 받은 CU장께서는 이번에도 아무런 말씀을 하지 않으셨다.

전략 CM 이후 우리는 모여서 "이것은 CU장께서도 동의하신 것이다"라고 해석했다. 그리고 편안한(?) 마음으로 사업을 지속했다. 이를 전장 사업으로 발전시켰고 현재의 VS사업부로 이르게 되었다.

뜻하지 않던 구조조정 상황에서 미래 전략 사업이 사라질 위기일 때, 그대로 눈을 감고 넘겼다면 어떻게 되었을지 돌아보곤 한다. 현재의 안위를 위해 맥없이 미래를 포기해서는 안 된다. 미래를 보

는 안목을 길러야 한다. 불확실성 속에서 미래를 발견하고 여기에
투자하는 것은 비즈니스맨의 가장 큰 미덕이다.

신속한
실행의 힘

기회는 즉시 잡는다

2001년 어느 봄날이었다. 황운광 당시 CDMA OBU장이 미국 버라이즌 구매 담당 부사장으로부터 이메일을 받았다. 그리고 그 것을 나에게 전달해주었다. 버라이즌 고객사 온스타OnStar가 LG와 미팅을 갖고 싶어 한다는 내용이었다.

이 무렵 버라이즌은 LG CDMA폰을 대량 구매하였고 LG전자 기술력을 높이 평가하였다. 버라이즌은 GM의 자회사 온스타에 네 트워크 서비스를 제공했는데, 온스타는 모토로라 헤드 유닛 기기 에 버라이즌 통신 서비스를 얹어서 GM 차량 구매자들에게 텔레

메틱스telematics라는 차량 무선 인터넷 서비스를 판매하고 있었다. 그런데 LG전자 하드웨어 제품의 기술력을 높이 평가한 버라이즌은 자사 네트워크 서비스 고객인 온스타에 모토로라 제품만 고집하지 말고 LG 제품도 한번 적용해보라고 제안했다. 온스타 CEO 쳇 후버는 이를 받아들이고 LG와 미팅을 갖고 싶다는 내용의 메시지를 버라이즌과의 대화 창구였던 CDMA OBU장에게 이메일로 보낸 것이었다.

나는 이메일을 읽자마자 즉시 팀을 꾸렸다. 그리고 CEO 쳇 후버에게 3일 뒤에 디트로이트에 있는 GM 본사(온스타도 같은 건물에 있음)에서 구체적인 논의를 하고 싶다고 메일을 보냈다. 그리고 미팅이 성사되었다. LG전자와 온스타는 디트로이트에서의 첫 미팅부터 의기투합했고 일이 일사천리로 진행되었다. 우리는 거의 매주 디트로이트를 방문했고 온스타 맴버들도 한 달에 두세 차례 한국을 방문하였다. LG전자는 첫 모델 'Gen 6' 300만 대 오더를 수주하였고 이후 G10까지 수주하게 되었다.

성과는 실행에서 나온다

덕분에 나는 GM CEO 릭 웨그너와도 두 차례 만날 기회를 얻었다. 창밖으로 미시간 호수의 정경이 보이는 GM 본사 꼭대기의 VIP 식당에서 여러 차례 만찬을 즐겼다. 나는 이 자리에서 LG디스플레이의 LCD 패널과 LG화학의 배터리도 소개했다. 그리고 GM 구매 총괄인 보 엔더스의 방한을 성사시켜 LG그룹 차원에서 GM과의 협력 관계를 구축할 수 있었다.

이 과정이 진행되는 동안 GM과 온스타가 우리 팀을 가장 높이 평가한 부분이 '빠른 실행Fast Execution'이었다. 기술적으로 좀 부족한 것이 있어도 '할 수 있다', '해낼 수 있다'는 정신력을 바탕으로 과감하게 행동하는 모습이 무척 인상적이었다고 한다. GM과 온스타 맴버들은 우리와 함께 일하면서 한국말을 조금씩 이해하게 되었는데, 그들이 제일 먼저 배운 세 가지 한국어 표현이 "할 수 있다", "해낼 수 있다", "빨리빨리"였다.

버나드 쇼의 묘비명은 "우물쭈물하다가 내 이렇게 될 줄 알았어"라고 한다. 물론 빠른 실행이 때로는 실수를 유발한다. 그러나 전체적으로는 우물쭈물하며 주저하는 것보다는 과감히 실행하는 게 낫다. 역사를 바꾸려는 목적으로 힘이 넘칠 때 인간은 행복하니까.

손흥민과
메간 폭스

손흥민과의 계약

나는 1980년대 후반부터 1990년대 중반까지 8년간 유럽 3개국 (독일, 오스트리아, 헝가리) 주재원으로 근무했다. 이 시절 유럽 주요 프로 축구팀의 유니폼 광고는 일본의 가전 브랜드들이 독차지하다 시피 했다. 그 외는 유럽 가전 브랜드 몇몇이 가끔 눈에 띌 정도였 다. 지금은 상황이 크게 달라졌다. 그 당시 유럽 명문 프로 축구팀 을 스폰서했던 기업들의 브랜드 광고는 자취를 감추었다.

내가 LG전자 GMO로서 전사 마케팅을 총괄하던 2012년과 2013년 2년 동안 유럽의 4대 프로 축구 리그(잉글랜드, 스페인, 이탈리아, 독일)의 주요 팀들을 모두 만나서 LG 브랜드 광고를 위한 스폰서 계약 협상을 추진했다. 그들과 부닥쳐보니 팀의 인기도에 따라 차이는 있지만, 요구하는 후원 금액이 너무 높아서 수용하기 어려운 수준이었다.

2013년 6월 손흥민 선수는 함부르크에서 레버쿠젠으로 이적했다. 공교롭게도 레버쿠젠은 새로운 스폰서를 물색하던 중이었다. 나는 레버쿠젠으로 날아가서 스폰서 계약 협상을 진행했다. 그러나 양자의 희망 금액 차이가 커서 계약에 이르지 못했다. 결국 LG전자가 수용할 수 있는 금액을 최종적으로 제시하고 귀국할 수밖에 없었다. 그런데 레버쿠젠은 마땅한 스폰서를 구하지 못했고 시즌 초기 4경기를 '소아암 후원' 광고가 들어간 유니폼을 입고 뛰었다.

그해 9월, 미국 출장 중이던 나는 뉴욕 JFK 공항에서 탑승 대기를 하면서 반가운 전화를 받았다. 레버쿠젠이 내가 제시한 그 금액으로 계약을 하겠다는 것이었다. 그로부터 며칠 뒤 레버쿠젠으로 가서 계약서에 서명했다. 이에 추가하여 손흥민 선수 개인과도 전속 광고 모델 계약을 체결했다.

계약서 서명식 자리에서 레버쿠젠 구단주가 제시한 조건은 딱 한 가지였다. "계약 금액을 무덤에 갈 때까지 비밀로 해주세요." 자신들이 받아들이기에 계약 후원 금액이 너무 낮아서 이것이 대외적으로 알려진다면 구단 이미지가 실추되는 게 우려된다는 이야기였다.

우리보다 훨씬 높은 금액을 제시한 중국 기업이 있었다고 한다. 하지만 레버쿠젠 오너 바이엘 회장이 "레버쿠젠이 중국 기업 브랜드를 달고 경기할 수는 없다"라며 거절했다고 한다.

내가 레버쿠젠이 자존심이 상할 정도로 낮은 금액을 제시한 배짱은 어디서 나왔을까? 유럽 명문 프로 축구팀 스폰서를 하려면 엄청난 금액이 든다는 점은 예나 지금이나 마찬가지다. 그런데 유럽 명문 프로 구단을 후원하는 스포츠 마케팅에 투자할 여건을 갖춘 미국 기업, 일본 기업, 유럽 기업은 별로 없다는 게 과거와 달라진 점이다. 나는 레버쿠젠 스폰서에 한국 기업이나 중동 산유국 항공사들밖에 관심을 보이지 않을 것이라는 상황 판단을 근거로 금액을 산정하여 제안했다.

내가 접촉한 유럽 명문 구단 중에서 가장 적극적인 팀은 영국의 리버풀이었다. 주한 영국 대사까지 동원하여 LG전자를 스폰서로 끌어들이기 위해 노력하였다. 현재는 두바이의 에미레이트 항공Emirates, 아부다비의 에티하드 항공Etihad Airways, 카타르의 카타르 항공Qatar Airways 3개 항공사가 복수로 이 팀을 스폰서하고 있다.

유럽 프로 축구 스폰서 변천을 보면 한국의 국력과 위상이 얼마나 커졌는지를 실감할 수 있다. 레버쿠젠에서 2년간 눈부신 활약을 펼쳤던 손흥민 선수는 2015년 8월 잉글랜드 프리미어리그로 이적했다. 오늘날 세계 최고 수준의 선수로 발전한 손흥민 선수를 보면서 마치 내가 손흥민 선수를 발굴하고 육성하기라도 한 듯한 착각이 든다. 잠시 이 착각을 즐겨본다.

메간 폭스와 일일 데이트

나는 LG전자 3D TV 론칭 이벤트에 제임스 카멜론을 초대하고 자 했다. 그가 감독한 영화 〈아바타〉는 '3D의 황제'로 불렸으니 제 임스 카멜론이야말로 3D 시대를 상징하는 인물이라고 보았던 것 이다. 에이전시를 통해서 아부다비 페라리 체육관에서 열린 3D TV 출시 행사에 제임스 카멜론이 참석하여 3D가 펼쳐갈 미래에 대 해 연설해달라고 제안했고 그가 수락함으로써 합의에 이르렀다.

그런데 계약 직전에 갑자기 LG전자가 회사 전용기를 보내달라 는 요구를 해왔다. 당시 우리 회사는 전용기를 그렇게 사용할 수 있는 상황이 아니었다. 일반 항공 퍼스트 클래스를 대안으로 제시 했지만 카멜론은 받아들이지 않았다. 행사 일정은 촉박한데, 행사 의 핵심이 되어야 할 제임스 카멜론 감독이 참석하지 못하게 되자 나는 난처한 상황이었고 그 대안을 찾아 나섰다.

영화 〈트렌스포머〉 주연 배우 메간 폭스가 떠올랐다. 에이전시 에 긴급하게 협상할 것을 요청했다. 이에 맞추어 '3D로 세상을 한 번 바꿔보자transformation!'는 구호를 담아 기획을 변경했다.

아침 9시부터 저녁 9시까지 3부로 나누어 행사를 진행하는 동안 나는 세계 최고의 미녀와 종일 밀착 데이트를 하는 행운을 누릴 수 있었다. 영화 속 주인공의 모습과 실제로 가까이에서 본 메간 폭스는 크게 달랐다. 영화 속에서는 글래머 여배우로 보이지만, 실제 모습은 심하게 마른 체격이었다. 카메라의 마술인지, 그렇게 다를 수 있는 게 믿어지지 않았다. 화면용 외모가 따로 있는 건 아닌가 하는 생각도 들었다. 남편도 동행했었다. 그는 열 살짜리 아들이 LA의 태권도 도장에 다니고 있고 자신이 한인 타운의 한국 식당을 자주 찾는다고 했다.

행사에 참석한 거래선들이 메간 폭스와 사진을 찍기 위해 앞다투어 줄을 섰다. 그녀 때문에 몹시 들뜬 분위기였지만, 내 눈에는 행사장 안내 도우미 여성들이 더 예뻤던 것으로 기억된다.

역사의
현장에서

권력무상

1989년 12월 25일, 나는 가족과 함께 크리스마스 휴가를 즐겼다. 알프스 끝자락에 있는 슬로베니아의 어느 작은 도시 스키장에서 스키를 탔다. 종일 스키를 탔더니 저녁에는 온몸이 땀에 젖었고 허벅지 근육통을 느낄 정도로 피로했다. 사우나를 마치고 가족과 저녁을 먹기 위해 분위기 좋은 식당을 찾았다. 그곳에서 주문한 음식이 나오기를 기다리면서 TV를 보았다. TV 화면에서는 루마니아 군사재판이 생중계되고 있었다.

루마니아 독재자 차우셰스쿠 부부가 공포에 질려서 피고석에 앉아 있는 모습이 처량해 보였다. 바로 그 순간 "탕! 탕! 탕!" 하고 총을 쏘는 소리가 들리더니 차우셰스쿠 부부가 피를 흘리며 쓰러지는 모습이 화면을 가득 채웠다. 순식간에 일어난 일이었다. '철권 독재자가 이렇게 허무하게 사라지다니.' 그 장면을 TV 생중계로 보면서 권력의 무상함을 생각했다.

차우셰스쿠는 15세 때부터 공산주의 활동을 했고 투옥의 고초도 겪었다. 이 과정에서 균형 잡힌 교육을 받지 못한 그는 스탈린주의를 무비판적으로 수용했다. 그는 정의감에 불타는 투사로서 부패한 기득권에 맹렬히 맞서는 모습으로 인민들의 높은 인기를 얻었다. 집권 초기에는 그와 직접 대화를 원하는 국민과 2분씩 실제로 면담하기도 했다. 하루 20시간 국민과 직접 소통하여 루마니아 국민의 열렬한 지지를 끌었다. 그러나 1970년대 중반부터 전형적인 독재자로의 모습으로 변했다. 루마니아도 유럽에서 가장 가난한 나라가 되었다.

어제의 투사, 오늘의 독재자

1989년 5월 1일, 나는 루마니아 정부가 발주한 컬러TV 20만 대 입찰에 참여하기 위해 부쿠레슈티 시내 중심에 있는 인터콘티넨털 호텔에 투숙 중이었다. 호텔 앞 광장에서는 수십만 명의 노동자들이 노동절을 맞이하여 대규모 시위를 하고 있었다. 이때 시위를 진압하던 군인들이 쏜 총탄이 호텔 건물에 튀기도 하였다. 겁에 질린 우리는 호텔 방에서 문을 잠그고 숨죽이며 상황을 예의주시했다.

우여곡절 끝에 LG전자가 20만 대의 루마니아 정부 입찰을 따냈고 나는 그해 회사로부터 영업왕을 수상하며 일약 스타가 되었다. 그 입찰 경쟁에서 승리한 뒤 루마니아 정부 고위 관료들과 수시로 만났고 그들을 한국으로 초청하기도 했다. 세계에서 가장 화려하다는 차우셰스쿠궁도 무시로 드나들 수 있는 특권을 누렸다. 차우셰스쿠를 직접 만나지는 못했지만, 그 측근들로부터 그의 성향과 행동 그리고 근황을 자주 듣곤 하여 친근한 느낌을 갖고 있었다.

그런 차우셰스쿠 대통령이 군사재판 도중 즉시 총살당하는 장면을 TV로 목격한 나는 권력의 무상함과 함께 루마니아라는 인구 2,400만의 신시장에 유리한 기반을 구축한 LG전자가 이 상황에서 무엇을 어떻게 해야 할지 막막함을 느꼈다.

루마니아의 거래선 사장에게 즉시 전화해서 이후 우리가 취할 조치들에 대해 의견을 나누었다. 1990년 1월 2일 나는 부쿠레슈티를 방문하여 구체적인 활동 계획들을 현지 유통 업체들과 토의하고 합의했던 기억이 아직도 생생하다.

왜 정의감에 불타던 투사들이 권력을 잡은 뒤에 부패한 독재자로 변모할까? 필리핀의 마르코스 대통령도 그랬고 알제리의 부테플리카 대통령도 그랬다. 예외를 찾기 힘들다. 인간의 이중성이 그 해답일까?

세계인으로
살기 위해

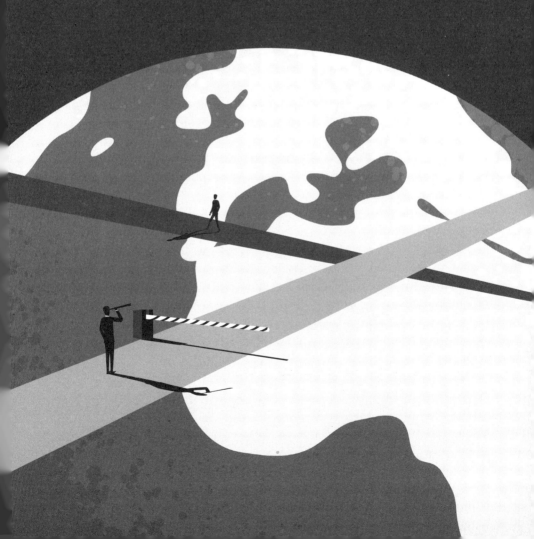

한국인들은 왜
글로벌 마인드가
부족할까?

한국적 콘텐츠를 글로벌 마인드에 담기

서양의 역사와 한국 등 동양의 역사를 비교해보면 외향적인 진취성 면에서 큰 차이가 발견된다. 학자들은 서양의 유목민적 삶과 동양의 농경문화가 근본적으로 다른 것이 그 원인이라고 유추한다. 이 추측은 꽤 설득력이 있다.

과거 식민지를 경영한 경험이 있는 영국, 프랑스, 네덜란드 등 서양 국가들은 글로벌 마인드를 축적했는데, 이것은 현재 비즈니스에도 영향을 준다. 그들은 사업을 시작할 때 기본적으로 글로벌 시장을 염두에 둔다. 그래서 세계 시장을 상대로 금융, 보험, 유통, 광고업을 리드하고 있으며, ISO와 같은 규격을 만들어서 전 세계가 그 규격을 따르도록 하여 돈을 버는 일을 잘한다. 국제기구나 협회 같은 것도 만들어서 직간접적으로 경제적인 이익으로 연결하고 있다.

EPL(영국 프로 축구 리그) 같은 자국 스포츠 경기를 전 세계가 보게 만들고 이에 따른 광고 수익을 올린다. 실상은 별것 아닌 F1 경기를 초프리미엄 이미지의 환상을 갖도록 마케팅함으로써 개발도상국들이 경쟁적으로 F1 경기 개최권을 확보하려고 로비하도록 만들었다. 우리나라도 F1 경기를 주최한 적이 한 차례 있다. 그들은 식민지 경영 경험에서 터득한, 남을 활용한 부의 축적에 대한 노하우가 탁월해 보인다.

우리나라 사람들의 진취성이 부족한 원인으로 농경문화를 바탕으로 한 유교적 가치관을 들 수 있다. 한국인의 정서에 유교적 사고방식이 깊이 뿌리를 내리고 있음을 부정하기 어렵다. 그러나 지금은 굳이 원인을 따져 그것을 탓할 때가 아니다. 과거는 잊고 진취성과 도전 정신을 함양하기 위해 무엇을 해야 할지를 진지하게 고민해야 한다.

아이들 그룹 BTS와 영화 〈기생충〉, 〈미나리〉의 성공 사례에서 그 답을 발견할 수 있을 것이다. 가장 한국적인 정서와 가치관을 최고 수준의 글로벌 마인드에 담아 효과적으로 표현하고 알리려는 시도와 노력이 큰 성과를 불러왔다. BTS, 〈기생충〉, 〈미나리〉의 성공은 세계가 한국적인 가치관에 대해서 열광하고 있음을 잘 보여준다. 우리가 수줍어하며 감추어왔던 것을 과감히 보여주자 전 세계가 환호하며 호응했다. 이제 자신감을 품고, 진취적인 태도로, 더 다양한 분야에서, 더 많은 한국 젊은이들이 세계 무대로 힘차게 뛰어나가야 할 때다.

외국어 구사와 이문화 포용력

한국인이 글로벌 마인드를 지니고 세계에서 웅비하기 위해 좀 더 노력하며 준비해야 할 분야가 있다. 그 첫째가 외국어 구사 능력이다. 지리상의 발견 시대를 가장 먼저 개척한 네덜란드는 지금도 세계에서 가장 글로벌 마인드가 강한 나라로 꼽힌다. 네덜란드의 탁월한 분야가 외국어 교육 제도이다. 보통의 네덜란드 국민은 2~3개의 외국어를 유창하게 구사할 수 있다. 이것이 네덜란드를 세계 최고의 글로벌 국가로 만든 원동력이다.

그런데 우수한 역량을 갖춘 의사와 변호사 등 한국의 전문가들이 과감하게 해외로 진출하지 못하는 가장 큰 이유가 외국어에 대한 두려움 때문인 것 같다. 한국인의 IQ는 세계 최고 수준이다. 이처럼 두뇌가 우수한 데다 근면한 기질까지 갖추고 있다. 나는 전 세계 구석구석을 다니며 한국인이 다방면에서 탁월한 유전인자를 가진 민족임을 경험적으로 확인해왔다. 그러나 이상하게도 유독 외국어 습득 능력은 세계 수준에 미치지 못한다.

한국에 사는 외국인들은 짧은 기간에 한국어를 익혀 한국 사람처럼 능숙하게 말하는데, 해외에 사는 한국 교포들은 수십 년을 그곳에서 지냈으면서도 그 나라 언어 구사에 어려움을 겪는 모습을 흔히 볼 수 있다. 창조주가 한국인을 세계에서 가장 우수한 인간으로 창조하면서 깜빡 잊고 외국어 구사 능력을 주지 않은 게 아닌지 혼자 상상해보곤 했다.

외국어 구사 능력 다음으로 한국인들의 글로벌 마인드 형성을 방해하는 것을 들자면, 서구 중심의 역사관이라 할 수 있다. 해방 이후 한국의 교육 제도와 교과 과목은 대부분 미국을 중심으로 한 서구 입장에서 발달한 것을 수입했다. 예를 들어 우리는 서로마 제국 멸망 이후 르네상스 시작 전까지 약 1,000년간을 중세 암흑시대라고 배웠다. 하지만 이는 철저히 서유럽 관점의 해석이다. 그들에게는 암흑시대였겠지만, 이슬람권 국가들은 그 시기가 국력이 가장 융성하고 과학과 문화가 찬란하게 발전한 황금시대였다.

우리가 적극적으로 진출해야 할 아프리카·중동·아시아 국가 중 많은 나라가 이슬람을 믿고 있다. 그런데 그들을 대하면서 우리가 은연중에 서구 관점의 역사 해석을 토대로 이야기하면 어떻게 될까? 그들이 불쾌감을 느끼고 불편해할 수 있다. 이런 점을 이문화異文化 존중과 수용 차원에서 주의할 필요가 있다.

우리가 글로벌 마인드 수준을 높이기 위해서는 그들의 시야에서 보고 이해해야 한다. 그러려면 그들의 역사와 종교, 풍습을 이해하려는 노력이 필요하다. 몇 가지 예를 보자. 사촌 간의 결혼이 보통인 중동 국가에서는 삼촌이 곧 장인이고 시아버지다. 이런 결혼 풍습을 부정적이라고 단정하면 안 된다. 모계사회인 부탄 사람들에게 성姓, family name이 뭐냐고 물으면 그들은 대답하지 못한다. 아버지가 누구인지를 중요하게 여기고 아버지 성姓을 따르는 것은 부계사회에서의 관습일 뿐이다.

창업 1세대 도전 정신 회복

해외여행을 해보면, 지난 20여 년간 중국이 무서운 속도로 발전해왔음을 피부로 느낄 수 있다. 1980년대에 세계적으로 유명한 관광지에서 일본인 관광객들이 활기차게 돌아다니는 모습이 무척 인상적이었다. 그들이 자유롭게 해외여행을 할 수 있는 경제적 여유가 부럽게 느껴졌다. 1990년대에 들어오면서 한국인의 해외 관광이 늘었다. 대학생들의 배낭여행부터 어르신들의 효도 관광에 이르기까지 한국인 해외여행객이 폭증했다. 그러면서 한국인 관광객이 일본인 관광객을 수적으로 넘어서는 수준까지 되었다. 그러다 2000년대에 들어서면서 중국인들이 전 세계 유명 관광지를 점령하기 시작했다.

그런데 중국인의 해외 진출은 관광에 그치지 않았다. 해외 투자

이민으로까지 발전했다. 지금은 전 세계 어디를 여행하더라도 방문할 때마다 중국인들의 숫자가 늘어나고 중국산 제품들의 시장 점유율이 증가하는 걸 목격할 수 있다. 특히 아프리카는 이미 사실상 중국의 경제 식민지라고 해도 과언이 아닐 정도다. 중국인 주도의 생활필수품 공급과 사회 인프라 구축 사업이 아프리카 사람들의 삶에 깊숙이 파고들고 있다.

무엇이 이러한 현상을 초래했을까? 중국인들의 담대한 도전성에서 비롯되었다고 본다. 그들은 불확실한 미래나 해외 현지의 이질적인 문화에 대해 전혀 두려움을 갖지 않고 있는 것처럼 보인다. 용감하게 해외로 나가고 현지에서 새로운 사업에 도전한다.

중국인들의 이러한 모습은 40~50년 전 대한민국 젊은이들과 닮았다. 오늘날 한국을 세계 10대 경제 대국으로 발전시킨 창업 1세대들의 진취적 기상과 오늘날 중국인들의 도전 정신이 흡사하다.

현재 창업 3세대들이 한국의 대표적 기업들을 경영하고 있다. 창업 1세대와 3세대의 차이가 중국과 한국의 차이가 아닐까? "부자 3대 못 간다"라는 옛말이 내포하고 있는 교훈적 메시지를 반성 차원에서 인식할 때이다. 다시 창업 1세의 정신과 자세로 돌아서야 한다. 들메끈을 다시 고쳐 매고 아프리카로, 중동으로, 남미로 뛰쳐나가야 한다. 당장 오늘부터 외국어를 익히자. 진출하고자 하는 지역의 역사와 문화를 공부하자.

청년, 은퇴자,
중소기업의
활로

고질적 사회 문제

　청년 실업, 은퇴자 노후, 중소기업 침체. 지금 한국 사회의 난제들이다. 정부 당국이 이 문제들을 풀어가기 위해 온갖 정책을 동원하지만 뾰족한 해결책이 나오지 않고 있다.

　청년 실업은 심각한 수준이다. 잠재 구직자를 포함한 청년층 확장 실업률(체감 실업률)은 25%를 넘어섰다. 청년 4명 중 1명이 실질적인 실업 상태라는 의미다. "취업은커녕 알바도 못 구한다"고 하소연하는 이른바 '취포 세대'의 고통은 한국 사회 전체에 어두운 그림자를 드리우고 있다.

또 한편으로는 은퇴자 문제가 있다. 베이비붐 세대(1955~1963년생)의 은퇴가 한창 진행 중이다. 이들은 건강하고 열정적이며 더 일하고자 하는 의지가 넘친다. 그리고 이들은 대체로 노후 준비가 잘되어 있지 않아 계속 일터에 남고 싶어 한다. 하지만 이들을 받아줄 직장이 없다. 글로벌 경영 경험이 풍부한 인재들조차 자기 능력을 펼칠 공간이 없다.

중소기업 침체도 만만한 문제가 아니다. 대기업과 중소기업이 양극화된 이중 구조에 빠져서 중소기업의 수익률은 점점 떨어지고 있다. 취업난이 극심하지만, 중소기업은 사람을 구하지 못해 애를 먹는 형편이다. 비교적 잘나가는 중소기업도 고민이 깊다. 한국의 중소기업 사장들은 자수성가형 창업 1세가 많다. 그런데 그들의 자녀들은 아버지 세대와는 다르다. 여유로운 환경에서 성장한 이들은 중소기업을 가업으로 물려받기보다는 자기가 좋아하는 분야로 가고 싶어 한다.

이런 문제로 오너 중소기업 사장들은 걱정이 많다. 이들 중소기업은 오랜 기간 축적된 높은 수준의 기술력을 확보하고 있지만, 대기업 하청 업체를 벗어나지 못하고 있는 경우가 많다. 해외 진출에 대한 글로벌 마인드와 역량이 부족해서 감히 해외 진출을 계획해보지도 못하고 있다.

융합의 묘수

나는 청년 취준생, 은퇴자, 중소기업 이 3자를 잘 융합한다면 대한민국의 활로를 찾을 수 있다고 믿는다. 중소기업을 활성화하여 청년과 은퇴자에게 좋은 일자리를 제공함으로써 한국 경제를 더 발전시키고 사회를 더욱 건강하게 만들 수 있을 것이다. 그런데 국내라는 좁고 한정된 시장 안에서 극도의 경쟁을 펼치는 것은 바람직한 방안이 아니다. 중소기업이 새로운 해외 시장에 진출하여 영역을 넓히고 이와 함께 청년과 은퇴자의 해외 진출도 늘어야 한다.

중소기업이 몇 안 되는 국내 대기업에 납품하는 데만 온 힘을 쏟고, 청년들이 공무원 시험에 매달리고, 은퇴자들이 등산이나 하며 소일하는 상황이 계속된다면 머잖아 한국의 미래는 암울하다.

사업과 일자리에 대한 새로운 발상이 필요하다. 4차 산업혁명이 가속화되고 인공지능이 발전할수록 사람이 직접 해야 하는 일은 계속 줄어들 것이다. 은행 지점 수가 계속 줄어드는 것이 대표적 예이다. 그나마 남아 있는 은행 지점도 방문 고객이 줄어들어 한산하지 않은가.

우리가 상생 발전할 길은 우리의 능력을 필요로 하는 개발도상국으로 진출하는 것이다. 그리고 그 능력은 중소기업들의 기술력과 대기업 은퇴자들의 경륜, 그리고 취업 준비생들의 젊은 열정이 합침으로써 극대화될 것이다.

그리스가
역사의 뒷무대로
사라진 이유

종족주의 폐쇄성

그리스는 찬란한 고대 문명을 이루었다. 아테네, 스파르타, 테베 등 견고한 도시국가 체제를 유지하면서 '아크로폴리스'로 상징되는 직접민주주의 전통을 구축했다. 이들은 이웃 도시국가끼리 주도권 다툼을 펼치면서도 연합군을 형성하여 외부 강대국의 침입에 맞섰다. 영화 〈300〉에는 스파르타의 300명 결사대가 100만의 페르시아군과 혈전을 벌이는 현장이 묘사되었다. 이때 스파르타는 배신자가 나와서 무너졌지만, 이후 그리스 연합군은 대제국 페르시아를 물리친다.

그런데 그리스는 세계적 제국으로 성장하지 못한다. 그들이 가진 폐쇄성 때문이다. 그리스의 민주주의는 자신의 돈으로 무기를 갖추고 군대에 들어갈 수 있었던 부유하고 자유로운 시민에 한정되었다. 가난한 사람은 물론이고 전쟁 포로나 외국인 출신은 철저히 배제되었다. 철저한 혈통주의 세계관 속에 갇혀 있었기에 다양한 인종과 문화를 포괄하며 영역을 넓히는 제국을 이루지 못했다.

그런데 그리스 문화와 문명을 계승한 로마는 달랐다. 그리스 민주주의를 이어받은 공화정은 물론이고 강력한 황제를 중심으로 한 왕정으로 넘어간 이후에도 개방적인 태도를 유지했다. 그들은 전쟁 포로나 노예 출신이라 할지라도 나라를 위해 특별한 공을 세운 사람이라면 시민의 자격을 부여했다. 황제도 특정 가문에 한정하지 않았다. 심지어 이민족 출신에게도 황제에 오를 기회가 주어졌다. 신분제와 혈통, 종족주의를 뛰어넘는 로마의 세계적 포용성은 강대한 제국을 이루는 기반이 되었다.

미국은 건국하면서 로마를 모델로 삼았다. 로마의 상징인 독수리가 미국의 상징이 된 것은 단순한 우연이 아니다. 미국 건국의 아버지들은 로마의 역동적인 개방성이 미국에도 필요하다고 보았다. 미국은 '애국자'라는 말을 좋아하는데, '민주주의자'라는 말은 칭찬으로 받아들이지 않는다. 애국자에서는 로마 스타일의 개방성이, 민주주의자에서는 그리스의 편협함이 연상되기 때문이라고 한다.

폐쇄성은 쪼개고 나누어 분쟁을 만들며 힘을 떨어뜨린다. 같은 혈통 안에서도 분리가 이루어진다. 예루살렘의 유대인과 가자 지역의 무슬림은 혈통적으로 같은 인종이다. 그런데 종교나 언어, 풍속에서 큰 차이가 생겨 지금은 전혀 다른 민족처럼 존재하며 끊임없는 적대 행위를 반복하고 있다.

포용이 필요한 나라, 대한민국

현재 한국의 고질적인 문제는 저출산 고령화이다. 평균수명이 늘어나는 것은 나무랄 일이 아니다. 저출산 때문에 고령화가 더욱 깊어지고 있으니 문제의 핵심은 저출산에 있다. 저출산은 해결의 기미가 보이지 않는다. 만혼, 비혼, 출산 기피 등으로 전 세계에서 가장 낮은 출산율을 기록하고 있다. 인구가 점점 줄어들며 이에 따른 각종 문제를 겪을 수밖에 없는 상황이다.

그러나 대한민국의 한쪽에서는 인구가 늘고 있다. 외국인 노동자, 결혼을 위해 이주한 사람들 등 바깥에서 인구가 유입되고 있다. 이들의 인구가 늘고 자신들의 문화를 형성하는 중이다. 예를 들어 안산의 국경 없는 마을을 비롯해 서울과 그 근교에 외국인 노동자들의 집단 거주지가 늘어나고 있고, 이들을 위한 다양한 서비스를 제공하는 시설과 시장도 생겨나 한국 안에 외국인과 소수 공동체가 뿌리를 내리려 하는 중이다.

얼마 전 만난 군 장성은 군 내에서 '다문화'가 중요한 이슈라고 했다. 이 말은 뜻밖이었다. 하지만 그의 설명을 들으며 고개를 끄덕일 수밖에 없었다. 과거 국제결혼 가정에서 태어난 아이들은 한국 국적을 가진 완전한 한국인이다. 이들도 나이가 되어 입대를 하고 있다. 그뿐만 아니라 다문화 가정의 자녀들이 부사관과 장교로 들어오기 시작했기에 '다문화'는 군에서 중요하게 다루어야 할 사안이 되었다는 것이다.

이런 상황에서 우리는 다문화에 적응할 준비가 되었는가? 과거부터 우리는 우리 땅에 정착하려는 외국인 이주자들에 대해서는 불신과 의심을 거두지 않았었다. 우리와 외모도 비슷하고 성장 환경도 하나도 다른 게 없는 화교 3세들에게조차 취업, 승진 등에서 차별하고 있다. 중국 출신의 조선족, 피부색과 얼굴 모양 등에서 차이가 있는 동남아시아 혈통의 이주자나 그 자녀들에게는 쉽사리 편견을 거두지 않는다. 무언가 문제가 생기면 이것을 혈통과 연결해 그들의 교육 수준, 도덕성 등을 비난하는 인종차별까지 보인다. 이런 정서가 사회적으로 깊어진다면 폐쇄성이 강고해지며 분리와 차별로 힘을 잃게 될 것이다.

독일의 사례를 살펴보자. 제2차 세계대전 이후 경제 발전의 급류를 타면서 독일 정부는 이른바 3D 업종을 외국인에게 떠맡겨야 했기에 터키와 유고슬라비아로부터 탄광 노동자들을 대거 유입해왔다. 이들은 수십 년을 독일에 거주하면서 2, 3세를 낳았다. 그러나 독일 정부는 이들에게 참정권이나 시민권을 부여하지 않고, 그 저 독일의 관행과 법률 제도에 적응하는 모범적인 외국인이 될 것 만을 요구하고 있다.

이슬람교도들인 이들은 기독교 주류 사회의 주변부로 존재하게 되었다. 그러면서 그 숫자가 증가하고 있다. 그런데 독일의 젊은 세 대 일부는 신나치주의자로 불릴 정도로 급진적이고 과격한 배타주 의를 취하고 있어 이들과의 갈등은 그 골이 깊어가고 있다. 이 가 운데 대립의 불씨는 시한폭탄처럼 도사리며 사회적 위험 수위를 높이고 있다.

한국에는 독일과 같은 위험이 없는가? 대한민국은 자유롭고 공 정하고 평등한 나라를 지향한다. 법적으로나 제도상으로 모두가 동등한 국가 공동체를 만들기 위해서는 우리 뇌리에 박혀 있는 문 화적 민족주의나 인종주의적 편견의 한계에서 벗어나야 할 것이 다. 우리는 그리스의 사례에서 교훈을 얻고 로마와 미국을 벤치마 킹해야 할 것이다.

서구 사회는 헬레니즘과 헤브라이즘이 조화를 이루어 합리성, 포용성, 개방성을 갖추었기에 발전할 수 있었다. 이 속에서 인류애 가 꽃피었다. 이런 문명적 가치가 훼손될 때는 퇴보할 수밖에 없 다. 우리가 나아갈 방향은 자명하다. 우리 내부의 외부자조차 우 리의 일부로 포용하지 못한다면 저출산 기조 속에서 자멸하고 말 것이다.

현지 주민에게
사랑받기

LA 폭동과 한인 사회

1992년 LA에서 일어난 흑인 폭동은 미국 현대사의 뼈 아픈 사건 중 하나로 기록되었다. 한인 교민들이 큰 피해를 겪었기에 우리에게도 상처로 남아 있다.

1992년 흑인 로드니 킹은 음주 과속 운전 중 경찰에 적발되었고, 정차하지 않고 도주하다가 체포되었다. 그런데 체포 과정에서 백인 경찰관들이 로드니 킹을 집단 폭행했다. 이 장면은 녹화되었으며 방송을 통해 전국에 퍼졌다. 그런데 집단 폭행에 가담한 백인 경찰관들이 재판에서 무죄로 풀려나자 미국 흑인들이 분노했고

LA에서는 폭동으로 번졌다.

LA 폭동 당시 흑인들이 한인 타운으로 몰려가 방화와 약탈을 함으로써 한인 사회는 최대 피해자가 되었다. 미국 언론들은 이에 대해 한-흑 갈등 프레임으로 보도하기도 했다. 흑백 인종 차별 사건의 불똥이 왜 한인들에게 튀었을까? 그 배경을 짚어보면 이렇다. LA 교민 중 상당수는 흑인과 히스패닉 밀집 지역에서 장사하여 부를 축적했다. 그런데 이들이 부유한 백인 거주 지역에 집을 사서 살면서, 흑인과 히스패닉 커뮤니티에 기부하는 데에는 인색하다는 인식이 흑인과 히스패닉들 사이에 팽배했다. 이런 불만이 거부감을 낳았고 폭동이라는 상황에서 비이성적인 행동으로 표출된 것이다.

LA 폭동 이후 재미 한인들의 권익은 한인 스스로 보호해야 한다는 자각을 바탕으로 한인 권익 운동과 정치력 신장 운동이 본격화되었다. 그리고 또 다른 반성의 목소리도 나왔다. 한인들이 지역 공동체 활동에 적극적으로 참여하면서 현지 주민과 친밀한 관계를 맺어야 한다는 것이다. 앞장서서 봉사 활동을 하고 흔쾌히 큰돈을 기부하는 한국 교민의 숫자가 눈에 띄게 늘어야 현지 주민들의 사랑을 받을 수 있다는 단순한 사실을 지나쳐온 데에 대한 반성이었다.

현지인에게 보탬이 되는 이민자

10여 년 전, 한 중남미 국가 국민이 가장 미워하는 외국인 1위가 한국인이라는 현지 여론조사 결과 기사를 읽은 적이 있다. 이런 거부감에는 이유가 있었다. 그 나라에 이민을 온 한국인들은 메스티조Mestizo(유럽인과 남미 원주민의 혼혈인)들의 값싼 노동력을 이용한 봉제업으로 크게 성공했다. 큰돈을 벌고 나면 자녀들을 미국 대학으로 유학 보내고 미국에 있는 은행 계좌로 송금한다. 그리고 결국에는 부모들도 미국으로 다시 이민 가버리고 만다는 것이다.

현지 주민들에게 이런 한국인 이민자들이 몹시도 얄밉게 느껴졌다. 아무리 똑똑하고 부지런한 사람들이라 하더라도 자신들을 이용하는 데 급급하다면 보탬이 되지 않는다고 생각하게 되는 것이다.

개발도상국 초기 이민자 중에는 사업에 성공하여 큰돈을 벌었지만, 현지인에게 사랑을 받지 못한 이들이 더러 있다. 초기 해외 투자와 이민의 그림자라 할 수 있다. 앞으로 해외 진출에서 이런 과거의 모습을 극복해야 할 것이다. 그 지역을 사랑하고 존중하며 현지 주민과 친밀하게 어울리고 기부와 봉사 활동에도 적극적으로 나서는 게 바람직하다.

한국인이 전 세계에서 '똑똑하고 부지런하면서도 인간적'이라는 이미지를 얻게 된다면 해외 진출이 더욱 성공적으로 이루어질 수 있을 것이다.

사촌이 땅을 사면
배가 아픈 사람들

다른 듯 닮은 지구촌 가족

나만큼 외국과 외국인을 많이 경험한 사람은 흔치 않을 것이다. 38년간 회사 생활 대부분을 해외 영업과 마케팅 업무에 쏟았다. 그리고 18년간 해외 주재원으로 현지에 거주했다. 1년에 3분의 1은 해외 출장으로 보냈다. 그러면서 전 세계 150여 개국의 외국인들과 만났다. 이런 특별한 경험을 하게 된 것을 큰 행운으로 여기며, 그 기회를 준 회사에 늘 감사한 마음이다.

나라 바깥을 밥 먹듯 경험하지만, 매사에 호기심이 생긴다. 그래서 만나는 외국인들에게 이것저것 물으며 대화한다. 업무와 직접 관련이 없는 그들의 역사와 문화에 대해서 깊이 있는 대화도 자주 하곤 한다. 종교에 대해서는 절대로 이야기하지 않는 것을 원칙으로 삼았다. 그 외 나머지 주제들에 대해서는 비교적 허심탄회하게 대화하며 개인적 친분을 쌓았다. 외국인을 우리 집에 초대하는 일도 잦다. 최근에는 주한 영국 대사 부부를 초대하여 막걸리와 파전을 대접하면서 인간적인 대화를 나누기도 했다.

나의 이러한 모습을 잘 알고 있는 주위 사람들은 외국인들이 한국 사람들과 얼마나 어떻게 다른지에 대해 자주 질문한다. 그때마다 나는 "사람은 모두 비슷하다", "내가 잘해주면 상대방도 나에게 잘해준다"라고 대답하곤 한다. 사실이다. 호모 사피엔스는 어디서나 비슷하게 살아간다. 이것을 지금까지의 경험으로 확인했다.

나라마다 다양한 속담들이 있는데, 그 속담이 의미하는 메시지는 우리나라 속담들의 의미들과 속속들이 일치하는 것을 보며 신기해하곤 했다. 한 가지 예를 들면, 우리나라 속담에 "벼는 익을수록 고개를 숙인다"가 있는데, 이란 속담에 "과일이 많이 열린 가지일수록 아래를 향한다"라는 게 있다.

이러한 인류의 보편성은 해외 진출을 고려하는 사람들에게 큰 용기를 준다. 겁낼 것 없다. 그들도 똑같은 사람이다. 다른 듯하지만 닮은 지구촌 가족이다. 성실하게 일하고 선량하게 대하면 그들도 알아준다. 심지어 국내에서보다 더 인정받을 수 있다.

진취적 세계 시민

우리나라 속담이 다른 나라의 속담과 신기하리만큼 비슷하지만, 지구상에 우리나라에만 있는 속담도 있다. "사촌이 땅을 사면 배가 아프다"가 그것이다. 외국인들에게 이 속담을 들려주면 그들은 한결같이 이해할 수 없다는 표정을 짓곤 했다. 그들은 "사촌이 땅을 사면 축하를 해야지 왜 배가 아프냐?"고 말하며 고개를 갸우뚱했다.

해외에서 만나는 한국인들을 볼 때마다 그들의 도전 정신과 강인한 인내력에 감탄하며 민족적 긍지를 느낀다. 대한민국의 국위를 선양하고 있는 모습에 같은 한국인으로서 뿌듯한 자부심이 생긴다. 한국인의 이런 성공에는 경쟁심도 크게 작용했을 것이다. 그러나 지나친 경쟁의식은 상대방에 대한 시기와 질투로 이어진다. 심한 경우 중상, 모략, 음해 등의 단어가 거론되는 불미스러운 상황으로 이어지는 경우를 가끔 목격했는데, 그때마다 씁쓸한 기분을 떨칠 수가 없었다.

우리나라 사람들이 사촌이 땅을 사도 전혀 배가 아프지 않게 되려면 어떤 변화가 필요할까? 좁은 땅에서 아웅다웅 다투며 경쟁하는 가난한 농경문화에서 비롯된 낡은 의식을 버려야 할 것이다. 사촌이 논을 사면, 나는 이역만리 타국에서 공장을 사들이면 된다고 생각하면 된다. 그러면 배가 아프지 않고 기꺼이 손뼉 치며 축하할 수 있다. 진취적 세계 시민으로서 사고방식과 행동이 바뀌면 시기심이라는 본능적 감정이 수그러든다. 사안의 본질에 맞게 인간으로서의 예를 갖추어 상대를 배려하는 성숙한 태도가 우러날 것이다. 이렇게 변화하는 데 조금이라도 이바지하고 싶은 마음이 이 책을 쓰게 된 계기 중 하나이다.

학벌에
연연하지 않기

하버드대학 중퇴자

마이크로소프트 창업자 빌 게이츠, 애플 창업자 스티브 잡스, 페이스북 창업자 마크 저커버그. 이들의 공통점 중 하나가 대학을 졸업하지 않았다는 것이다. 이들은 왜 대학을 졸업하지 않고 스스로 중퇴한 것일까? 학벌을 지상 최고의 가치로 여기는 한국 사회는 이 질문에 대해 숙고할 필요가 있다.

빌 게이츠와 마크 저커버그는 상위 0.1%만 입학할 수 있는 하버드대학에 들어갔지만, 스스로 학업을 중단하고 창업의 길로 나섰다. 이것은 우리나라에서는 상상도 할 수 없지만, 미국에서도 결코 흔한 일이 아니다. 그들은 상아탑 아래에서 설파되는 지식보다는 현장의 산지식을 더 소중히 여겼던 것은 아닐까. 사실 학문이란 어느 날 하늘에서 뚝 떨어진 것이 아니라 인간이 경험한 것들을 이론이라는 이름으로 체계적으로 정리한 것에 지나지 않는다. 빌 게이츠와 마크 저커버그는 기성 학문보다 더 구체적이며 차원 높은 지식을 얻기 위해 모두가 선망하는 하버드대학의 졸업장을 포기하고 불확실한 길로 나섰을 것이라 짐작해본다.

인간에 주목한 스티브 잡스

스티브 잡스가 리드 칼리지를 그만둔 데에는 경제적 이유가 컸다고 한다. 하지만 그는 자신이 대학을 졸업하지 못했음을 아쉬워하거나 후회하지 않았다. 그리고 전공과목 외에 청강한 과목들을 통해 창조력을 키웠다고 회고했다. 굳이 대학 졸업이라는 틀에 연연하지 않았던 것이다. 스티브 잡스는 인문학 수업을 즐겨 들었으며, 캘리그래피에도 매료되었다. 고대 상형문자에도 깊은 관심을 두었다고 한다.

나는 스티브 잡스가 상형문자에 대해 배우면서 무엇을 깨달았을지 혼자 상상의 나래를 펼쳐보았다. 인류의 260만 년 역사를 통틀어 문자로 소통한 것은 1만 년이 채 되지 않는다. 최초의 공식 문자 기록은 함무라비 법전인데 불과 6,000년 전 정도밖에 되지 않는다. 그 이전까지 인간은 문자가 아닌 방법으로 의사소통을 했고 상당 기간 그림으로 커뮤니케이션을 했다. 문자 발명 이후에도 일부 지도층들만 이를 활용했다. 보통 사람들이 일상에서 문자를 사용하기 시작한 것은 공교육이 본격화된 200년 전부터였다. 그 전에는 성직자들이나 권력을 쥔 지도자들에게만 문자 사용이 허락되었고, 우리나라에서도 양반들만 문자로 학문을 할 수 있었다. 지난 200여 년 동안 보통 사람들이 문자를 가장 많이 접하는 곳은 학교였다. 학교를 좋아하는 학생은 거의 없다. 공부하기 싫은 게 전 세계 학생의 공통점이다. 공부하기 싫어하는 보통 사람에게 문자역시 기피의 대상이었을 것이다.

이런 점에서 보면, 인간의 DNA는 문자보다 그림을 선호하게 형성되었을 것이다. 이것이 인간의 본능인지도 모른다. 스티브 잡스는 이 점을 깨달았을 것이다. 그래서 애플 제품에서 문자를 최소화하고 그 대신 아이콘이라는 그림을 사용해서 소비자들과 소통하고자 한 것이 아닐까? 나의 이러한 추측을 확인하기 위해 스티브 잡스의 자서전을 읽어보았지만 이런 내용은 없었다. 완전한 내 상상일 뿐이다.

스티브 잡스는 시안에 있는 진시황릉을 보고 난 후 맥북 에어노트북 PC를 개발하여 출시했다고 한다. 그는 7,000여 개의 병마용갱兵馬俑坑 중 똑같은 게 하나도 없다는 데 주목했다. 이는 하나하나 개별적으로 깎는 수작업을 거쳤음을 의미한다. 그리고 이를 통해 중국인들의 손재주가 탁월하다는 사실을 확인할 수 있다고 보았다.

스티브 잡스는 이 판단을 확고히 하고 중국 선전 공장에 워터젯 가공기(강한 수압으로 표면 처리하여 고급스럽게 보이게 하는 첨단 기술이 적용된 기계) 3,000대를 보냈다. 그때까지 금형 사출로 대량생산하던 노트북 PC 제조 공정에 수작업을 도입했다. 그 결과 고급스러운 광택이 나는 전대미문의 프리미엄 노트북 PC 모델 맥북 에어를 높은 가격에 출시하여 대성공을 거두었다.

스티브 잡스의 인간 이해는 그의 창의력과 혁신의 원천이었다. 그는 인간의 본성을 읽으려 애썼으며 인간의 세밀한 감정과 창조력에 집중했다. 이것은 성공한 기업가들의 공통점이기도 하다. 빌 게이츠의 마이크로소프트 창업과 마크 저커버그의 페이스북 개발 배경에서도 인간에 대한 통찰력을 발견할 수 있다. 그들은 학문적 이론을 바탕으로 사업을 펼치지 않았다. 그보다는 다양한 경험과 고전 독서를 통해 얻은 인간의 본성에 대한 이해를 밑바탕으로 삼았다. 수많은 전설적인 마케팅 성공 사례도 이와 마찬가지다.

뭘 더 배우려고 하십니까?

학문적 이론이 현장의 실전 경험에 미치지 못할 때가 많다. 대학 조리학과 수석 졸업생이 끓인 된장찌개보다 무학의 할머니가 끓여

준 된장찌개가 더 맛있다. 나는 이것을 'power of experience(경험의 힘)'라 부른다.

우리 사회 전체의 지식수준이 급격히 상승하였다. 그리고 인터넷의 보급으로 정보의 평준화가 이루어졌다. 지식수준의 차이는 계속 줄어들고 있으며 앞으로도 그럴 것이다. 간단히 말해 몰라서 못 하는 건 없는 세상이다.

배우는 것은 권할 만한 일이다. 그러나 제도 교육에, 특히 학벌에 연연하는 것은 무익하다. 현장에서의 소중한 경험과 지식을 쌓는 것을 포기하면서 배움의 외피만 두르려 한다면 정작 중요한 것을 잃게 된다.

나는 자주 직원들에게 이야기해왔다. "지금 알고 있는 것만 다 실천해도 여러분은 신의 경지에 도달할 수 있습니다. 그런데 뭘 더 배우려고 하십니까?" 정작 중요한 것은 더 배우는 것보다는 더 많이 실천하는 것이다. "혁신은 실행이다"라는 명제는 두고두고 새길 진리다.

용기,
최고의
글로벌 마인드

마켓컬리가 성공한 이유

'누군가가 나를 대신해서 신선한 식품을 꼭 필요한 양만큼 아침 식사 준비 직전에 우리 집에 가져다주면 얼마나 좋을까?' 수많은 사람이 이런 상상을 해왔을 것이다. 그렇지만 그것은 불가능한 일이므로 현실에서는 일어나지 않을 것이라고 여겨왔다. 그런데 마켓컬리 창업자는 과감하게 용기를 내어 이 상상에 도전했다.

마켓컬리 창업자 김슬아 대표는 바쁜 나날을 보내면서 자신이 겪었던 불편함, 나아가 보통 사람들은 감수할 수밖에 없다고 받아들이는 불편함을 직접 해결하겠다는 야무진 용기를 품었다. 그 용기를 밑천으로 창업이라는 과감한 행동에 나설 수 있었던 것이다.

청소하면서 느낀 불편함을 해결하기 위해 물걸레 청소기를 개발하여 돌풍을 일으킨 한경희 대표도 비슷한 경우다. 그녀들은 보통 사람들과 99% 같지만 1%의 차이가 있다. 그것은 불편함을 당연하게 여기지 않고 해결하려는 용기를 가졌다는 점이다.

'용기학'이 필요한 시대

모든 면에서 완벽한 사람은 없다. 존경받는 위인들도 마찬가지다. 그래서 그들이 위대한 성취를 이루어낸 배경은 저마다 다르다. 삼국지의 유비는 용력勇力이 부족했지만, 인덕仁德이 출중했다. 혁신의 아이콘 스티브 잡스는 성격이 괴팍했지만 빛나는 창의력을 지니고 있었다. 그런데 모든 성공한 이들을 관통하는 공통점 한 가지가 있다. 그들은 하나같이 용기가 있었다. 용기가 있었기에 무언가 목표를 세우고 도전하며 실행할 수 있었다.

나는 미루는 습관을 지닌 사람들이 게을러서 그럴 것이라 여겨왔다. 물론 게으름도 미루기의 한 원인이긴 하다. 그런데 그 비중은 매우 낮다고 한다. 미루기의 가장 큰 원인은 '실패에 대한 두려움'이다. 부지런한 사람도 '실패하면 어쩌지?'라는 두려움 때문에 중요하고 결정적인 행동을 뒤로 미룬다. 즉 용기가 없어서 성공을 뒤로 미루는 것이다. 끝끝내 행동할 용기가 생기지 않는다면 성공은 자취를 감추고 말 것이다.

　심각한 취업난에 대한 다양한 정책들을 정부가 쏟아내고 있지만, 청년 실업은 백약이 무효인 난치병처럼 우리 사회의 최대 난제로 자리 잡고 있다. 해결책은 그들에게 용기를 심어주는 것이라 확신한다. 학교에서 '용기학'을 가르쳐야 할지도 모르겠다.

〈윤식당〉에서
배운다

한국 음식의 세계 경쟁력

2017년 봄에 윤여정, 이서진, 정유미, 박서준 등이 출연한 케이블 TV 프로그램 〈윤식당〉이 방영되어 인기를 끌었다. 이 인기를 바탕으로 2018년에는 시즌 2가 방영되었다. 2021년 윤여정이 오스카상을 받은 후에는 과거 방송이 재방영되어 높은 시청률을 기록하기도 했다. 〈윤식당〉은 외식업을 포함한 한국의 세계화 전략에 의미 있는 시사점을 준다.

해외여행을 하면서 한국 식당이 좋은 평가를 받지 못하는 것이 매우 안타까웠다. 중국 식당이나 일본 식당과 비교할 때 양적으로

나 질적으로 초라한 수준이다. 그나마 해외의 한국 식당을 찾는 사람 대부분은 한국인들이다. 한국 음식의 세계화는 요원한 것으로 보인다. 그 이유는 무엇일까?

한국 음식이 맛이 없거나 외국인 입맛에 맞지 않아서일까? 그렇지 않다고 본다. 업무상 수많은 외국인에게 한국 음식을 대접했었다. 그들 대부분은 한국 음식 맛의 우수성에 감탄했다. 한국에 장기 체류하거나 귀화한 외국인 중에 한국 음식에 반해서 한국인이 되거나 한국에 눌러앉았다고 말하는 이들이 있을 정도다. 이런 이야기를 그들에게서 직접 듣기도 했다. 〈윤식당〉에서도 외국인들이 한국 음식을 좋아한다는 점을 확인할 수 있다.

개발도상국 진출과 숙박업 겸업

그런데 왜 한국 식당의 해외 진출은 활발하지 못할까? 해외로 진출하고자 하는 도전 정신의 부족이 가장 큰 원인이라고 짐작한다. 한국의 소규모 식당은 운영하기가 매우 어렵다. 경쟁이 엄청나게 치열하기 때문이다. 그런데 해외 진출을 대안으로 생각하는 식당주는 거의 없다. 해외로 진출할 자본도 부족하고 외국어 소통에 대한 불안감도 크다. 그래서 엄두조차 내지 않는다.

드물긴 하지만, 한국에서 식당을 운영하다가 해외로 사업장을 옮긴 사람이 있다. 한국에서 식당이 잘되어 외국으로 확장한 경우가 먼저 떠오르겠지만, 이런 행복한 일만 있는 것은 아니다. 나는 국내에서 망할 것 같아 해외로 간 사람을 알고 있다. 열심히 음식을 조리해 팔았지만, 제대로 돈을 벌지 못하고 그나마 갖고 있던 돈마저 까먹는 상황을 더는 견디지 못하고 해외 진출을 감행한 것이다. 그는 아프리카 에티오피아의 수도 아디스아바바에서 한국 식당을 개업했다. 초기에는 어려움도 있었지만, 지금 그 식당은 에티오피아 유명 인사들이 즐겨 찾는 명소로 자리 잡았다.

그가 미국이나 유럽 선진국 대신 아프리카 오지에서 한국 식당을 개업한 것은 탁월한 선택이었다. 상류층 고객을 쉽게 확보했으며 수익성도 컸기 때문이다. 한국 식당이 진출하기에는 고비용 구조이며 경쟁이 치열한 선진국보다 개발도상국이 오히려 더 적합하다.

아프리카에는 이미 중국 식당들이 공격적으로 진출하여 현지인들의 입맛을 사로잡고 있다. 우리나라도 한국 드라마와 K팝으로 형성된 한류 문화 열풍에 편승하여 한국 음식이 적극적으로 해외로 진출하도록 해야 할 것이다. 정부 차원에서도 한국국제협력단 KOICA과 한국관광공사 등을 통해 국내에서 중소규모 식당을 운영하는 자영업자들의 해외 진출을 획기적으로 지원할 필요가 있다고 본다.

해외에 진출한 한국 식당 중 일부는 숙박업도 함께 운영한다. 이들은 에어비앤비에 등록하여 식당과 숙박업을 겸업하는 시너지가 더 커졌다고 한다. 독일 소도시를 여행하면서 가족이 운영하는 소규모 호텔에 가끔 묵었다. 깨끗한 시설을 갖춘 이 호텔은 정갈한 아침 식사를 제공했는데, 가정식이고 비용이 싸서 인기가 좋았다.

한국에서도 리조트 밀집 지역에 숙박과 식사를 함께 제공하는 이른바 '펜션' 형태의 숙박업소가 조금씩 늘고 있는데 매우 고무적인 현상이라고 본다. 좀 더 과감하게 다양한 형태로 한국 식당의 해외 진출이 이루어지기를 기대한다.

억압할 수 없는
인간의 본성

중국을 아편 중독에서 건져낸 것

역사적으로 유럽인들은 중국에 대해 신비감과 존경심을 품어왔었다. 과거 중국은 거대 강국일 뿐 아니라 문화적으로도 매우 앞선 선진국이었다. 18~19세기 유럽 상류층들은 중국 도자기와 비단을 경쟁적으로 사들였으며 중국산 차를 마시는 것을 고급문화의 필수 요건으로 여겼다. 이런 상황에서 영국은 도자기, 비단, 차등 중국산 사치품을 수입하느라 보유한 은을 탕진하고 말았다. 반면에 중국인들이 선호할 만한 영국산 제품은 거의 없어 수출이 이루어지지 않았다.

산업혁명 이후 방직 공업을 비약적으로 발전시킨 영국은 동인도회사를 통해 식민지 인도에서 면화를 수입하여 면직물로 가공한 뒤 다시 인도로 대량 수출했는데, 여기서 벌어들인 돈으로 중국과의 심각한 무역 불균형 문제를 해결하고자 했다. 인도산 아편을 사서 중국에 수출하였던 것이다. 아편은 현지 중국 상인들을 통해 광둥을 중심으로 한 대도시에 급속히 퍼지기 시작했다.

아편에 중독된 중국인들의 숫자가 늘어나자 청나라 정부는 근절에 나섰다. 젊고 패기만만한 임칙서에게 전권을 부여하며 아편 문제를 해결하도록 지시했다. 임칙서는 아편 무역을 중단시키고 아편 유통을 법적으로 금지했다. 그러나 아편에 중독된 중국인의 숫자가 500만 명을 넘어선 상황이었다. 그들은 불법으로라도 아편을 구매하기 위해 안간힘을 썼고 아편 거래는 줄어들지 않았다. 아편 거래 자체를 불법으로 규정했기에 아편 거래에 대한 세금을 부과할 수도 없어 청나라 정부의 세수만 줄어들었다.

그러자 청나라 정부는 아편 암거래를 대대적으로 단속했다. 이 여파로 대도시 중심으로 거래되던 아편이 지방으로 급속히 숨어들었다. 결국 아편 거래가 전국적으로 활성화되는 지경에 이르렀다. 게다가 암거래의 속성상 아편 가격이 치솟아서 중국 인민들의 삶은 더욱 궁핍해지기만 했다.

급기야 청나라 정부는 영국 상인들 소유의 아편을 강제로 불태워버렸다. 영국은 이를 구실로 중국을 공격했는데, 이것이 아편 전쟁이다. 아편 전쟁 결과 맺어진 난징 조약에 따라 홍콩은 영국 땅이 되었고, 155년 뒤인 1997년에 중국에 반환되었다. 당시 영국과 무역 거래를 하던 중국 상인들 50여 만 명은 홍콩으로 이주하여 오늘날의 홍콩으로 발전시켰다.

중국인들의 아편 중독 문제를 해결한 사람은 따로 있었다. "아편 대신 차를 마시자"라는 슬로건을 내세우며 10억 중국인들에게 차를 팔아서 당시 세계 최고 갑부가 된 이화행怡和行의 오병감伍秉鑑이다.

미국 금주법이 불러온 것

1890년대 이후 미국은 알코올 중독자 증가로 사회적 고통을 겪었다. 아내들이 나서서 정부가 금주령을 내려 남편들이 술을 마시지 못하게 해달라고 시위를 벌일 정도에 이르렀다. 종교단체들도 금주 운동 단체를 설립하여 의회와 정부를 압박했다. 1919년 미국 의회는 금주법을 비준했고, 정부는 금주령을 내려 술의 제조와 유통을 불법화했다.

그런데 상황이 중국의 아편 금지 때와 비슷하게 흘러갔다. 술을 사고파는 게 불법인데도 미국 남자들의 음주는 줄어들지 않았다. 주세를 붙일 수 없기에 미국 정부의 세수는 급감하였으며 암거래로만 살 수 있었던 술값은 폭등하였다. 또한 공인 기관의 검사를 받지 않는 밀주 업자들은 건강을 심각하게 해치는 불량 주류를 생산하여 공급하였다. 술꾼들은 숨어서 마시면서 빨리 취하고 싶어 했다. 그래서 술에 함유된 알코올 도수는 점점 올라갔고 술값도 가파르게 상승했다. 서민들의 경제 사정은 날로 나빠졌고 불법 양조 업자들만 부자가 되었다. 마피아 두목 알 카포네가 이 무렵 불법 양조업으로 거부가 되었다.

루스벨트가 금주령 해제를 선거 공약으로 내세워 미국 대통령에 당선되었고, 14년의 금주법 시대도 막을 내렸다. 미국인들의 알코올 중독 문제는 다른 방법으로 해소되었다. 다양한 종목의 프로 스포츠와 할리우드 영화와 같은 문화 여가 상품이 발전하면서 안정화된 것이다. 인간의 본능을 우격다짐으로 억제하는 법률은 그 생명이 오래가지 못했다.

정치인들이 잠자고 있을 때와 공무원들이 체육대회 중일 때

"정치인들이 잠자는 밤과 공무원들이 체육대회에 참석해 업무를 하지 못할 때, 경제 성장이 이루어진다"라는 냉소적인 우스갯소리가 있다. 경제는 자유를 먹고 무럭무럭 자란다. 정부가 불필요하게 시장에 개입하여 통제하면 경제는 침체한다. 혹독한 사회주의 체제 하의 북한 경제도 장마당이 떠받치는 현실이다.

세월호 참사는 우리 국민에게 엄청난 고통을 주었고, 7년이 넘도록 그 상처가 아물지 않고 있다. 그런데 세월호 침몰 사고의 한 원인은 정부의 과도한 시장 개입과 통제에서도 찾을 수 있다. 그 당시 정부는 서민을 위한다는 명분으로 여객선 운임 규제를 했다. 목포-제주 간 700킬로미터 운임을 3만 5,000원으로 묶어놓았다. 인천-웨이하이 간 350킬로미터 운임이 11만 5,000원인 것과 비교하면 턱없이 싸다. 3만 5,000원 운임으로 이익을 내야 했던 세월호 선주는 안전 규정을 어기려는 유혹에 쉽게 빠져들었다.

지난 10여 년, 특히 최근 2~3년간 아파트 가격 급등세가 멈출 줄을 모른다. 정부에서 수십 가지 대책안을 거의 매주 발표했지만, 전혀 먹혀들지 않았다. 왜 그럴까? 어떤 대책이 먹힐까?

우리나라 경제가 고성장하던 1970~1980년대의 특징 중 하나가 창업 열기가 강했다는 것이다. 집을 살 자금으로 사업에 투자하는 사람들이 많았다. 그런 창업 투자 열기가 경제 성장으로 나타난 것이다. 그러나 지금은 그렇지 않다. 예를 들어 여유 자금 10억 원을 가지고 있는 사람이 사업에 투자하여 성공할 확률이 낮기 때문에 그 돈으로 아파트에 투자하는 것이다.

한국에서는 이상하리만큼 반기업 정서가 강하다. 기업하는 사람들에 대해 부정하게 부를 축적한 부도덕한 부류로 인식하는 경향이 있다. 그래서 기업인들에게 투자를 장려하는 정책이 부족한 것처럼 느껴진다. 그 대신 법인세를 인상하고 경영권 방어를 어렵게 만들고 노동의 유연성을 억제하는 반기업적 정책으로 기업인들의 사기를 저하시키고 있다. 물론 일부 기업인들의 비도덕적 행위들이 자초한 면도 있을 것이다.

이러한 반기업 정서 하에서는 여유 자금이 창업 투자로 가지 않고 안전 자산인 아파트로 몰릴 수밖에 없다. 그래서 경제가 부진한데도 부동산 가격만 고공 행진하는 상황이 빚어지고 있다. 앞에서 말했듯, 중국인의 아편 중독과 미국인의 알코올 중독은 정부가 거기에 매달려 직접 규제한다고 사라지지 않았다. 차, 문화 상품 등의 대체품을 투입함으로써 해결의 실마리를 찾았다. 거듭된 정부의 부동산 투기 억제 정책은 청나라 임칙서의 아편 근절 정책과 미국의 금주법을 연상하게 한다. 규제가 부작용과 악순환을 불러왔으니 말이다.

나는 다른 곳에서 해결의 지혜를 찾아야 한다고 본다. 사람들이 적극적으로 사업에 나서도록 하는 기업 친화적인 정책 제시가 아파트 가격을 안정시키는 길이다. 이스라엘이 소국이지만 부강한 이유는 전 국민의 창업 열기 때문인데 국가 전체 시스템이 창의력을 바탕으로 한 창업을 장려하고 지원하도록 설계되어 있는 것이다.

V

국경 밖
세상

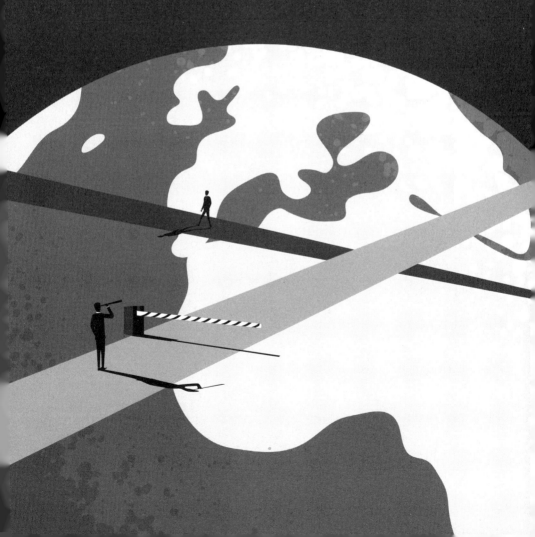

아시아인이
모험에 나서지 않는
이유

모험과 개척을 주도한 유럽인

스페인과 포르투갈은 일찍부터 세계로 눈을 돌려서 15~16세기에 신천지 탐험을 전개하였다. 17세기에는 영국, 프랑스, 네덜란드까지 합세하여 대항해 시대를 개척했다. 그 무렵 아시아 국가들은 자국 내 권력 다툼에 열중했다. 그러면서 지리상의 발견과 신세계 개척은 서구인들의 전유물이 되었다.

18세기 중엽 영국에서 일어난 산업혁명이 유럽 제국諸國과 미국, 러시아로 확대될 때도 마찬가지였다. 중국과 일본을 포함한 아시아 국가들은 여전히 농업에만 의존하면서 스스로 변화하려는 움직임이 거의 없었다.

아시아 국가가 세계로 나갈 만한 역량이 부족했던 것은 아니다. 중국은 뛰어난 항해술을 가지고 있었다. 명나라 시대 정화는 당시 다른 국가들의 기술로는 흉내도 낼 수 없는 대규모 함대를 꾸려 인도와 아프리카까지 항해했다고 한다. 그러나 정화가 7차 항해에서 돌아오던 중 숨을 거두자 더 이상의 항해는 없었다.

대항해 시대와 산업혁명을 거친 서구 제국들은 식민지 개척 시대를 열고야 말았다. 아시아 국가들은 서구 제국의 침략을 받아 식민지가 되고 핍박을 받을 처지에 이르렀다.

인류의 과학 발전사를 보면 대부분의 과학 이론과 기술의 발명은 서구인들에 의해 이루어졌다. 아시아인들에 의해 이룩된 발명과 발견은 거의 없다. 그 이유는 무엇일까? 서구인과 아시아인이 어떻게 다르기에 이런 상황이 빚어졌는가? 아시아인의 지력은 유럽인에 뒤처지지 않는다. 고대 문명사나 철학 사상을 들여다보면 그 깊이 면에서 아시아가 유럽을 능가한다. 평균 IQ도 아시아인이 서구인보다 높다. 그런데도 지적인 성취가 약한 것은 미스터리하다. 『호모 사피엔스』의 저자 유발 하라리라면 언젠가 이 질문에 대한 명쾌한 답을 내놓지 않을까 하고 기대해본다. 이 자리에서는 내 경험을 기반으로 주관적인 짐작만 할 뿐이다.

정착 농경과 가족 중심 가치관

정착적 농경 사회에 뿌리를 둔 아시아 국가들은 정착 사회 안에서 주거의 변화 없이 대를 이어 살면서 주위와 경쟁하는 삶을 살았다. 그러다 보니 가족의 단결된 힘이 가장 소중한 자산이 되었다. 따라서 부모에게 효도하고 자식을 헌신적으로 키우면서 사는 게 이상적으로 여겨졌다. 그러면서 모험적인 행동을 지양하게 된 것 같다. 커뮤니티보다는 가족과 가문을 중시하고 입신양명하여 가족과 가문을 빛내는 것이 최고의 가치관으로 자리 잡게 된 것으로 보인다. 아시아 전통의 가치관 아래에서는 가족을 버려두고 산타 마리아호를 타고 신대륙으로 항해하는 크리스토퍼 콜럼버스 같은 사람이 나오기 어려웠을 것이다.

반면 유럽과 신대륙은 유목인으로 오랜 기간 살아온 사람들로 구성된 국가들이다. 그들은 늘 이동하면서 생활하기 때문에 불확실한 미래의 보금자리에 대한 불안과 두려움이 별로 없다. 아시아의 정착 생활은 내부 지향적이면서 변화를 거부하는 역사를 써왔고 유럽의 유목민적 삶은 외부 지향적이고 변화를 추구하는 역사를 남긴 것이 아닐까 추측해본다.

오늘날에도 서구인들과 아시아인들의 가치관이 다르다. 심지어 취미 생활도 차이가 난다. 서구인들은 도전적인 것들을 즐기고 아시아인들은 보수적이고 안정적인 것들을 선호한다. 스포츠도 격렬

하며 동적인 분야는 서구인들이 강하다. 아시아 국가들은 상대적으로 정적이고 개인기가 중요한 종목에서 더 탁월한 모습을 보여주고 있다.

유럽인과 아시아인의 세계 개척사가 갈린 이유를 내 나름대로 추측해보았다. 그러나 과거는 이미 지나갔다. 아무리 애써도 단 한 줄의 사실 기록도 바꿀 수 없다. 역사가 의미 있는 것은 오늘과 내일을 사는 데 통찰과 지혜를 주기 때문이다. 아시아의 안정 지향 가치관을 더는 미덕으로 고집할 수 없다.

아시아의 작은 나라 한국은 세계 밖에서 활로로 찾고 성장해왔다. 수출을 통해 경제 대국으로 올라섰다. 이러한 현대사를 찬란하게 이어가기 위해서는 더 적극적으로 세계 진출에 나서야 한다.

해외 생활을
꺼리는 일본인

세계인 vs. 일본인

2021년 4월 11일, 일본의 마쓰야마 히데키 선수가 제85회 마스터스 골프 대회에서 우승했다. 1934년 첫 대회 이래 아시아인으로서는 처음이다. 이전까지 아시아인 최고 기록은 2004년 최경주 선수의 3위에 이어 2020년 임성재 선수의 공동 2위였다.

마쓰야마 히데키는 2014년에 미국 PGA 투어 경기에 입성한 이래 매년 훌륭한 성적을 보여주며 가장 활발한 PGA 프로 골퍼 중 한 사람으로 활약해왔다. 그런데 마쓰야마는 마스터스 우승 인터뷰를 영어가 아닌 일본어로 했다. 이 장면을 보고 의아한 생각이

들었다. 마쓰야마는 소통에 큰 어려움이 없을 정도로 뛰어난 영어를 구사할 수 있기 때문이다.

우리나라 선수들은 미국 PGA 투어에 진출한 후 첫 한두 해는 영어 때문에 어려움을 겪는다. 하지만 몇 년 생활한 후에는 비교적 유창하게 영어로 언론 인터뷰를 하곤 한다. 이런 모습이 TV에 자주 나온다. 외국에 진출한 가수나 배우 등 연예인도 영어 인터뷰를 잘한다. 아시아 배우 최초로 아카데미상 여우 조연상을 받은 배우 윤여정 씨는 "고상한 척하는 영국인들이 날 인정해줬다"며 유머 섞인 유창한 영어로 인터뷰를 하여 화제가 되었다.

한국 프로 골퍼 중에는 미국, 호주, 뉴질랜드 등 외국 국적 소유자로서 프로 경기 투어에 참가하고 있는 선수들이 적지 않다. 다른 종목도 마찬가지다. 과거 쇼트트랙 국가 대표 안현수 선수가 러시아 국적으로 귀화하여 러시아 국가 대표 자격으로 동계 올림픽에 출전해 금메달을 딴 적이 있다. 2022년에는 또 다른 선수가 중국 국적으로 귀화하여 베이징 동계 올림픽에서 중국 국기를 가슴에 달고 쇼트트랙 메달 경쟁을 할 것으로 예상된다.

마쓰야마 히데키의 모자나 셔츠의 광고를 보면 렉서스, 스릭슨, 아식스, 데상트 등 일본 기업 브랜드 일색이다. 외국 기업들의 스폰서 제안을 못 받았는지, 아니면 받고도 거절했는지는 모른다. 하지만 한국 프로 골프 선수들이 다양한 국내외 기업들로부터 스폰서를 받아 해외 브랜드들도 광고하고 있는 것과 대조를 이룬다.

정체를 불러온 국수적 태도

일본의 근세사는 '탈아입구脫亞入毆'라는 단어로 요약된다. 아시아를 벗어나 서구로 들어가기 위해 몸부림친 역사라 할 수 있다. 이는 현재 진행형이기도 하다. 일본인들의 서구 명품 브랜드 집착은 한국인들보다 더 강하다. 이러한 일본인들이 강한 국수주의적 의식과 행동을 보이는 것을 보면 뭔가 모순되고 이중적이라는 생각이 든다. 이것도 '혼네本音'와 '다테마에建前', 즉 속마음과 겉마음이 다른 성향을 보여주는 것일까?

한국인들은 자녀를 해외에 조기 유학 보내려고 안달이지만 일본인들은 미국이나 유럽 선진국에 해외 주재원으로 발령이 나도 단신 부임하는 일이 잦다. 그 가족은 일본에 남고 자녀는 일본 학교에 다닌다. 대학도 일본 내 대학 입학을 선호한다. 내가 잘 아는 일본 대기업 임원은 미국과 호주에서 단신으로 24년간 해외 주재원으로 근무했다. 일본에 사는 가족들은 자녀들의 방학 때만 그가 사는 곳으로 왔다. 그리고 미국과 호주에 한두 달쯤 함께 살면서 단기 집중 영어 교육을 받게 했다.

최근에는 이러한 현상에 변화가 생겼다. 가족 동반으로 해외 주재원 근무를 하는 일본인들이 증가하는 추세다. 하지만 이때도 자녀를 주재국에 있는 일본인 유치원, 일본인 학교에 보낸다. 이렇듯 일본인들은 한국인들과 다르다.

이러한 차이가 산업 발전에 영향을 주었다. 지난 20~30년간 한국 기업들이 인터넷과 정보통신 산업에서 세계 일류 기업으로 성장할 때, 전통적 가전 강국이었던 일본 기업들의 상대적 위상은 추락했다. 한국의 드라마와 영화 그리고 BTS를 비롯한 아이돌 그룹이 세계적 인기를 얻으면서 한류가 시대의 흐름을 주도하는 데 비해 일본은 그렇지 못하다.

일본 정신의 숭상

미국에서 아사아인에 대한 혐오 범죄가 사회적 이슈가 되었다. 그런데 이때 말하는 아시아인에 일본인은 포함되지 않는다. 미국인들은 일본을 아시아가 아닌 일본 그 자체로 인식한다. 이런 인식은 유럽에서도 마찬가지다. 유럽인들의 일본에 대한 이미지는 매우 좋고 우호적이다. 왜 이렇게 되었는지에 대한 원인을 찾기는 매우 어렵다.

다만 근대화된 일본이 유럽인들에게 충격을 주었던 것만은 분명하다. 유럽이 두려워하던 중국과 러시아를 연달아 격파했기 때문이다. 미국인과 유럽인에게 러시아는 싸워 이길 수 없는 존재였다. 나폴레옹과 히틀러가 러시아를 공격했지만, 결국 실패했다. 패전의 원인을 러시아의 살을 에는 듯 혹독한 날씨에서 찾는 시각도 있지만, 전투 내용을 자세히 살펴보면 러시아의 강력한 군사력을 이기지 못했음이 드러난다. 그런데 일본의 도고 함대는 당시 세계 최강 발틱 함대를 격파하고 러일 전쟁을 승리로 이끌었다. 유럽인들에게 일본은 러시아를 패배시킨 강대국으로 각인되었다. 러일 전쟁 전에도 일본은 아시아 최강국 청나라를 굴복시키고 이권을 차지했다. 영국, 프랑스, 독일, 포르투갈도 이를 본 이후에 경쟁적으로 청나라에 선전포고를 했던 것이다.

지금도 미국과 유럽은 중국과 러시아를 두려운 존재로 생각하고 있는데, 일본은 이 두 나라를 모두 이긴 세계에서 유일한 국가이다. 그리고 일본은 제2차 세계대전 패전 후 기적과 같은 경제 발전으로 미국 다음가는 경제 대국의 지위에 올랐다.

청일 전쟁과 러일 전쟁 승리, 그리고 경제 성장은 일본인들에게 일본인으로서 우월적 긍지와 자부심을 심어주었다. 그리고 그렇게 할 수 있었던 힘의 원천이 일본 정신에 있다고 보았다. 그래서 자녀들이 그러한 일본 정신을 배우도록 하는 것이라 생각한다. 유럽 명품 브랜드에 열광하고 유럽 여행을 광적으로 좋아하는 일본 사람들이지만, 일본 정신을 철저히 보전하고 계승하는 데는 매우 헌신적이다.

이런 일본인들을 볼 때마다 우리는 어떤 한국적인 가치관을 갖고 있는지, 그것을 계승 발전시키기 위해 어떤 노력을 하고 있는지 되돌아보게 된다. 마쓰야마 히데키 선수의 마스터스 우승 인터뷰 장면을 보니 그 경계심이 더 깊어졌다.

유럽화 속의
트렌드 변화

가정적인 유럽 남자

1987년 1월 결혼과 함께 독일 법인 주재원 생활을 시작했다. 신혼이었고 주재원으로서 첫 해외 생활이었기 때문에 모든 게 신기하고 새로웠다. 특히 생활 방식에서 평범한 한국인과 유럽인의 차이가 두드러져 보였다. 가장 큰 차이점은 아버지들이 매우 가정적인 것이었다. 독일 남자들은 직장에서 퇴근하면 대부분 일찍 귀가했다. 가정 내에서 가족들과 시간을 보내면서 집안일을 많이 했다. 주말에도 정원을 손질하고 잔디를 깎고 자동차를 정비하고 가구를 조립하는 등 한국에서는 외부 전문가들에게 의뢰하는 다소 전문성이 요구되는 일들을 하는 것이었다.

오후 6시가 넘으면 거리의 거의 모든 가게들이 문을 닫아서 물건을 살 수 없다. 그래서 쇼핑은 대부분 토요일에 한 번 하는 게 보통이다. 독일 사람들의 옷차림은 매우 수수하다. 그런데 집에 들어가 보면 내부 치장을 깜짝 놀랄 정도로 훌륭하게 해놓고 산다. 매일 일찍 퇴근하여 집 안 정리에 많은 시간을 투자하며 공을 들인 결과이다.

하지만 그 당시 한국 남자들의 상황은 판이했다. 퇴근 후에도 잦은 회식으로 집에서 저녁을 먹는 경우가 드물었다. 자신이 가정적이지 않은 것을 무용담처럼 떠드는 사람도 있었다. 그런 태도가 남성적이라고 인식되던 때이기도 했다.

변화 예측과 비즈니스

그러나 시대가 변하면서 한국 남자들의 생활 스타일도 크게 달라졌다. 코로나19라는 특수한 상황이 그 변화를 가속화시켰다. '사회적 거리 두기'로 인해 외부 활동에 제약이 생기면서 이른바 '집콕', '방콕'이 보편화된 것이다. 한국 남자들도 유럽 남자들처럼 일찍 퇴근하여 가족들과 함께 저녁 식사를 하게 되었고, 집 안에 머무는 시간이 늘어났다. 남자들이 적극적으로 가사에 참여하고 집을 정리하고 꾸미는 것은 특별한 일이 아니다. 생활 방식의 유럽화가 시작되었다. 이러한 유럽화가 계속되면 앞으로 어떤 변화가 더 일어날까?

우선 집밥 수요가 늘면서 외식 문화가 쇠퇴하고 식당들이 줄어들 것이다. 유럽에서 외식은 생일같이 특별한 날에만 하는 것이다. 외식 수요가 제한적이므로 식당도 별로 없다. 유럽에서는 우리가 통칭하는 식당이 세 종류이다. 출퇴근 시간에 잠시 들러 선 채로 커피와 간단한 스낵을 먹을 수 있는 곳은 카페cafe, 노동자나 학생처럼 집에서 식사하기 여의치 않은 사람들이 주로 식사하는 브라세리에brasserie, 웨이터가 서빙하고 깨끗한 테이블로 덮은 테이블 위에 빳빳하게 풀 먹인 냅킨이 고깔처럼 서 있으며 나이프·포크·스푼이 가지런히 세팅된 레스토랑restaurant으로 구분된다. 레스토랑에 한 번 가려면 특별한 날에 큰맘을 먹어야 한다. 외식이 줄어들면 특징이 모호한 식당은 외면받을 것이다. 정체성을 분명히 하는 게 바람직하다.

또 다른 변화가 예상되는 분야가 집안 장식이다. 과거에 비해 인테리어에 과감한 투자를 하는 가정이 늘어나서 인테리어 사업자들이 호황을 맞이할 가능성이 크다. 유관 산업 또한 크게 발전할 것이다. DIYDo It Yourself 제품도 많이 팔릴 것이다.

집에서 즐기는 음악과 영화에 대한 수요가 늘어나리라 보인다. 이에 따라 대형 고급 TV와 오디오 판매 증가가 예상된다. 넷플릭스와 타이달TiDAL같이 고급 영화와 음악을 공급하는 글로벌 업체들의 주가는 지속 상승할 것이다. 이외에도 유럽에서 페스트 이후 삶의 방식이 어떻게 변했는지 살펴보면 코로나19 이후 한국인 생활 방식 변화를 예측하는 데 유용한 참고가 될 것이다.

배경과 맥락을
이해해야
사실이 보인다

사건과 배경을 함께 이해하기

복잡다단한 세상이 어떻게 돌아가고 있는지에 대한 정보를 얻는 주된 경로는 언론 기사이다. 매체가 일방적으로 전해주는 보도에 의지해야 세상 소식을 알 수 있다. 지금은 소셜 네트워크가 발전해서 언론 매체 의존도가 낮아지긴 했다. 하지만 지금도 여전히 나라 밖 이야기, 가령 어느 지역에 전쟁이 나거나 천재지변이 발생했다는 등의 소식을 언론이 전해주지 않으면 잘 알 수 없다.

그런데 신문 기사나 방송 뉴스를 접할 때마다 왜 그런 일이 발생했는지에 대한 설명이 부족하여 아쉬움을 느끼곤 한다. 왜 이라크가 쿠웨이트를 침공했는가? 왜 아제르바이잔과 아르메니아는 그토록 참혹한 전쟁을 불사하는가? 왜 유럽 국가들이 터키의 EU 가입을 반대하는가? 그 역사적 배경은 무엇인가? 그렇다면 터키는 어떻게 NATO 회원국이 될 수 있었는가? 단순히 발생한 사건과 사고의 상황만 전하는 뉴스들은 이런 질문에 대해 답할 수 없다. 그래서 배경 설명 없는 기사가 답답할 뿐이다. 언론을 통해 어떤 사건을 접할 때 그 배경과 맥락을 함께 이해하기 위해 노력해야 한다. 이에 대해 매체가 신경을 덜 쓴다면 스스로 챙길 수밖에 없다. 그 개인적 노력에 따라 세계 이해의 폭과 수준이 달라질 것이다.

영국이 EU를 탈퇴한 이유

영국의 EU 탈퇴가 오랫동안 세계 뉴스의 중심이었다. 그런데 영국인들이 국민투표에서 왜 EU 잔류를 거부하고 탈퇴를 선택했는지 그 자세한 속사정을 상세히 설명해주는 미디어는 없었던 것 같다.

영국의 역사를 보면 그들의 결정을 이해할 수 있다. 영국인들은 자신들 외에 다른 사람은 존재하지 않으며, 잉글랜드 외에 딴 세상은 없다고 여기는 사람이 다수를 차지하고 있다. 영국의 역사는 민주주의 발전과 개인적 자유의 확대 과정이다. 50여 식민지를 경영한 경험이 있는 영국은 의회 민주주의를 세계 최초로 시행했고, 가장 먼저 산업혁명을 일으켰으며, 세계 최고를 자랑하는 대영박물관을 갖고 있다.

1215년 존 왕이 마그나카르타(대헌장)에 서명한 뒤 명예혁명을 거쳐서 1721년에 최초의 총리가 탄생하기까지의 과정, 그 이후 오늘날까지의 민주주의 발전 역사는 개인의 자유를 강화해온 길이었다. 그토록 흠모하던 엘리자베스 여왕의 간섭도 사양한 영국인들이 브뤼셀에 본부를 둔 EU라는 이방인의 간섭을 배격하는 것은 어쩌면 당연하고 자연스러운 일이 아닐까? 이러한 영국인들은 EU 탈퇴에 따른 경제적 불이익을 기꺼이 감내할 각오가 되어 있는 것이다.

라틴어를 어원으로 삼은 프랑스어에서 유래한 'parliament(의회)'의 원래 뜻은 '대화와 협상'이다. 영국은 가장 모범적으로 의회 제도를 운영하고 있다. 우리나라 국회에서 좀처럼 대화와 협상을 볼 수 없는 것과 대조적이다.

그들의 역사와 문화를 이해하기

언론 기사를 대할 때 단순한 사실과 맥락을 함께 파악하는 게 효과적이듯, 비즈니스에서도 고객을 심층적으로 이해하려는 태도가 필요하다. 고객의 구매 의사결정 요소들을 알아내려면 그 지역 소비자들의 역사적·문화적·종교적 배경과 가치관 이해가 선결되어야 한다.

그래서 나는 신임 해외 판매 법인장들에게 그 지역의 역사와 문학 그리고 철학을 최소한 이해한 뒤에 현지에 부임할 것을 요구했었다. 그리고 부임 초기에 보통 수준의 현지 주민들과 최대한 많이 접촉해서 그들의 가치관을 이해한 바탕 위에 현지 적합형 마케팅 전략을 수립하라고 권했다.

터키 법인 초대 법인장으로 발령받은 김창후 상무에게는 "우선 터키 출신 노벨 문학상 수상자인 오르한 파묵의 작품 『눈snow』을 읽고 부임하십시오"라고 조언했었다. 내 말대로 그는 소설을 탐독하고 깊이 감동했다. 그는 터키인들을 더 심층적으로 이해하기 위해 현지인 가정에서 1년간 하숙을 했다. 그 사실이 터키 현지 신문과 한국 언론에 보도되면서 부임 초기에 톡톡한 광고 효과를 보기도 했다.

구한말과 일제강점기 시절의 한국인들의 삶을 이해하기 위해서 박경리의 소설 『토지』를 읽는 것은 매우 효율적이다. 이와 비슷하게 터키인들의 독특한 정서와 인생관을 이해하기 위해서는 터키 사람들이 즐겨 읽는 오르한 파묵의 소설을 읽는 게 큰 도움이 된다.

겉으로 드러난 피상적인 상황을 단순히 아는 것은 문제를 해결하거나 상황을 개선하는 데는 턱없이 부족하다. 그러한 상황에 이르게 된 본질적 요소로서의 필연적 배경에 대한 지적 이해가 수반되어야 한다.

독일에게 배우는
통일

동서독과 남북한의 분단 상황 차이

세계 유일의 분단국가, 전쟁 위협이 도사리는 한반도에서 살아가는 한국인들은 통일을 향한 염원이 강하다. 통일 방안에 대해서도 다양한 의견이 있는데, 독일 통일의 사례와 비교하는 사람도 많다. 그러나 서독과 동독이 통일하던 시기에 그 현장에서 주재원 생활을 하면서 그들의 통일 과정을 직접 지켜본 나는 독일 통일 과정을 남북한 관계에 대입하기 어렵다고 생각한다.

독일과 남북한은 분단의 배경부터 다르다. 독일은 제2차 세계대전 패배로 전승국들에 의해 강제로 분할되었다. 남북한은 2차 대전 승전국들이 전후 처리 과정에서 일시적으로 분리 통치했지만, 6·25 전쟁으로 스스로 분단을 고착화한 측면이 강하다. 그러다 보니 분단 이후 동서독은 남북한 관계보다는 더 우호적인 관계를 유지해왔다. 특히 민간 분야에서는 친밀하고 왕성한 교류를 이어왔었다. 우편물을 비교적 자유롭게 주고받았으며, 1972년에는 상주 대표부까지 교환 설치되었다. 남북한 간에도 이산가족 상봉과 같은 이벤트성 교류가 정치적 목적으로 간간이 이루어졌지만, 독일과 달리 일관되게 75년간 적대 관계를 유지했다.

독일은 분단 45년 만에 통일하였다. 서독이 동독을 흡수 통합했다고 알고 있는 사람이 많지만, 그렇게만 볼 일이 아니다. 통일 과정을 보면 동독 사람들에 의해 베를린 장벽이 붕괴되었다. 또한 동독 의회가 1989년 11월 9일 서독과의 통합을 의결함으로써 통일이 이루어졌다. 즉 형식적으로는 동독이 통일을 주도한 것이다. 한반도에서 북한이 이러한 의사결정과 실천을 하리라고 기대하는 건 어리석다.

동서독의 염원과는 달리, 전범 국가인 독일의 통일을 바라는 국가는 없었다. 독일이 통일하기 위해서는 국제법상 전승 4개국의 승인이 필요하였다. 독일은 우선 소련의 동의를 얻기 위해 엄청난 액수의 경제 원조를 쏟아부었다. 그 결과 통일 후 독일의 NATO 잔류를 성사시켰다. 독일에 대한 불안이 가장 큰 폴란드를 안심시키기 위해서 독일-폴란드 간 오데르-나이세 라인(제2차 세계대전 후 오데르, 나이세 두 강 동쪽의 옛 독일 땅을 폴란드 영토로 설정한 국경선)을 인정한다는 것을 재확인하였다. 이는 전쟁 전 독일 영토의 4분의 1을 포기함을 의미한다.

역사적으로 '강한 독일'에 대한 피해의식과 두려움을 가지고 있는 영국과 프랑스와의 우호적인 관계 구축을 위해서도 노력했다. 서독 정부는 민간 주도로 학생 교류 사업을 활발히 할 수 있도록 적극적인 재정 지원을 했다. 영국 학생들과 프랑스 학생들을 태운 관광 버스 수십 대가 독일 전역을 돌아다니는 장면을 자주 보았던 기억이 난다. 통일 전 서독 정부의 통일 정책은 기민당 정권이든 사회당 정권이든 상관없이 일관성 있게 유지되고 추진되어왔었다.

동독 사람들을 지원하기 위한 노력

우리가 진심으로 남북통일을 원하고 이를 추진한다면 독일 통일 이전 서독의 통일 준비 과정과 내용을 깊이 연구해야 한다. 단순한 모방이 아니라 한반도 실정에 맞는 구체적인 전략을 세우고 여기에 따른 다각도의 정책을 일관되고 끈기 있게 실행해야 한다. 최근에 대북 전단 발송 금지법이 제정되는 것을 보며 이것이 남북통일에 도움이 될지 생각해보았다.

1986년부터 3년간 당시 서독에서 해외 주재원으로 근무하면서 매우 인상적으로 본 것이 있다. 서독에서 동독에 사는 사람에게 보내는 소포 우편물에 대한 요금이 매우 낮다는 점이다. 그리고 동독 사람을 후원하는 데 쓴 돈은 연말정산 시 감세 혜택을 주었다. 서독 정부는 그 밖에도 여러 면에서 동독과의 교류 협력 활동을 적극 지원하였다. 동독의 친지나 지인에게 크리스마스 선물을 보내기 위해 우체국에서 긴 줄을 서서 기다리던 서독인들의 모습이 지금도 눈에 선하다. 심지어 당시 서독에는 동독으로 보낼 물건을 파는 전용 백화점까지 있었다. 면세점보다 더 저렴한 가격으로 판매했던 것으로 기억한다. 이렇게 서독은 동독 사람들을 지원하기 위한 방법들을 고안하고 제도화하였다.

자동차 같은 고가의 제품도 '동독에 사는 친척이나 친구에게 보내는 것'이라면 싸게 살 수 있었다. 동독인들도 서독으로 소포를 보냈는데, 그 내용물은 서독에서 흔한 생활필수품이 아니었다. 수공예품과 책, 지역 특산 음식이나 크리스마스 관련 물품들이 주류를 이루었다.

더 나아가 세계에서 가장 오래된 박람회 중 하나라고 알려진 라이프치히 박람회Leipzig Fair는 동서독의 우호적 만남의 장으로서 그 역할을 톡톡히 하였다.

우리는 어떤가? 남북 관계를 정치적으로 활용하고 있지는 않은가? 독일 통일 전 서독의 통일을 위한 준비를 상세히 살펴보며 이것이 이질적인 두 체제를 융합하는 데 얼마나 효과적으로 작용했는지에 대해 체계적으로 연구해야 한다. 정치적 목적을 배제하고 불쌍한 북한 주민들이 자유롭고 풍요로운 대한민국의 햇볕을 쬘 수 있도록 일관성 있게 노력해야 할 것이다. 그러한 과정에서 투입되는 통일 비용도 만만치 않겠지만 분단 비용과 비교하면 그보다야 훨씬 적지 않겠는가?

식민지 지배를
받은 나라들

압제와 수탈의 흔적

2013년 5월에 과테말라 안티구아 커피 농장을 방문한 적이 있다. 엄청나게 큰 커피 농장 규모에 놀랐다. 그리고 커피 수확 과정에 대한 설명을 들으면서 충격을 받았다. 우리가 매일 마시는 커피가 인권 유린적 노동력 착취의 산물임을 알게 되었기 때문이다. 지금도 커피를 마실 때마다 그때가 생각나서 씁쓸한 느낌을 받곤 한다.

스페인과 포르투갈을 필두로 한 유럽 열강들은 아프리카와 중남미에 식민지를 개척하고 그곳의 자원을 착취했다. 플랜테이션이라는 대규모 농장을 건설하고 노예들을 혹사해서 수확한 농산물도 다 빼앗아 갔다. 과거 식민지로서 이런 수탈에 시달린 국가들을 여행하면 36년간 일본의 지배를 받은 우리나라와 비교해보려는 마음이 자연스럽게 생긴다.

일제는 36년간 조선 반도를 지배하면서 온갖 종류의 자원을 수탈했다. 또한 학도병과 종군 위안부들을 자기들이 일으킨 전쟁의 참혹한 현장에 강제 투입하기도 하였다. 인도를 제외하고는 서구 열강들의 식민지들에서 인적 자원이 전쟁에 강제로 투입된 경우가 거의 없었다. 이런 면을 보면 일본은 매우 악랄했다.

그런데 유럽 열강들은 식민지에서 빨대로 빨아 먹듯 자원을 탈취해 가기만 했고, 식민지 국가들을 위한 사회 기반 투자를 하거나 선진 제도를 도입하지 않았다. 일본은 이와는 다른 면이 있었다. 물론 그 목적이 조선 백성들을 위하는 것이 아니라 자기 야욕을 세우기 위한 기반을 마련하는 데 있었기에 일말의 순수성도 찾을 수 없다. 이른바 대동아 공영권 건설과 대륙 침략 전진 기지 건설이라는 악의를 품고 선진 철도와 도로 건설 및 산업 시설 투자를 짧은 기간에 집중적으로 하였다. 강점 통치 편의를 위해 선진 행정 제도와 교육 제도도 도입했다. 우리가 근대화 과정에서 이를 활용한 측면도 있다.

그런데 한국과 같이 일본의 식민지로서 비슷한 경험을 한 타이완에서 일본에 대한 호감도가 강한 것은 의아한 일이다. 독특한 역사적 맥락이 있겠지만, 그들에게 일본으로부터 근대화에 도움을 받았다는 인식이 존재하는 건 아닐까 생각해본다.

서구 열강의 식민지였던 국가들은 아직도 가난을 면치 못하고 있는 데 비해 일본의 식민지였던 한국, 타이완, 싱가포르 등 아시아 국가들은 상대적으로 더 부강한 국가로 발전했다. 그 이유는 일본의 지배 때문이 아니라 식민 지배에서 벗어난 후 그 나라 국민의 피나는 노력에 의한 것이라고 보아야 할 것이다.

반성과 사죄에 인색한 일본

일본은 과거 자신의 잘못을 철저히 반성하지 못하고 사죄에 인색하여 국제사회의 비난을 받고 있다. 같은 제2차 세계대전 패전국 독일이 자신들의 과오에 대해 진정성 있는 사죄와 반성을 하고 보상도 지속해서 하는 것과 대조적이다. 일본과 독일의 태도 차이는 어디서 비롯된 것일까? 여기에 대해서 깊이 생각해보았다. 일본을 자주 여행했고, 독일에 2년간 살면서 첫 자녀를 얻은 나는 양국을 자주 비교하곤 한다. 일본과 독일의 국민성은 신기할 정도로 닮았다. 유독 2차 대전 전범국으로서의 죄책감에서만 현격한 차이를 보이는 것이다.

독일은 1차 대전에서 패한 뒤 전후 배상 문제를 다룬 1919년 6월 베르사유 조약에 따라 거액의 배상금을 치르기 위해 전 국민이 형용하기 힘들 정도로 궁핍한 생활을 해야 했다. 그리고 빼앗긴 영토에 대해 비분강개하는 분위기가 형성되었다. 그때 히틀러라는 인물이 나타났고, 그에게 힘을 실어주면서 1차 대전 패전국으로서 반성과 사죄를 멈추었다. 그리고 절치부심하며 보복을 위해 나섰고 결국 2차 대전을 일으켰다. 2차 대전에서도 패배하고 나서야 독일은 허황한 꿈을 이루기 위해 세계대전을 일으킨 것에 대해 진심으로 반성하고 사죄했다.

반면 일본은 2차 대전 한 차례만 세계대전을 일으켰다. 2차 대전 패전 후 일본인들의 감정은 1차 대전 패전 후 독일 국민의 감정과 비슷하지 않았을까. 그래서 반성과 사죄에 떨떠름한 게 아닐까 하고 생각해본다. 그렇다면 일본도 독일처럼 한 번 더 세계대전을 일으키고 난 뒤에야 진정성 있는 반성과 사죄를 하게 될까?

인도
제대로 이해하기

Incredible India

'Dynamic Korea'는 한국을 홍보하는 대표적인 슬로건이다. 인도에도 국가 홍보 문구가 있다. CNN 등에 자주 등장한다. 'Incredible India'이다.

인도에 4년 6개월 근무하면서 왜 인도가 incredible한지 이해하게 되었다. 그런 이해에 도달하기까지 독립성이 강한 29개 주를 여행하고 디왈리를 비롯한 다양한 축제들을 경험하고 크리켓 경기를 관람하는 등의 경험과 시간이 필요했다.

전 세계가 비난하고 인도 헌법에서조차 인정하지 않는, 비인간적이며 심각한 인권 문제 그 자체인 카스트 제도를 성인의 반열에서 존경받는 간디조차도 인정했다. 이것은 성군 세종대왕이 노비제도를 더 강화한 것과 일맥상통하는 것 같다. 하지만 시대가 다르니, 단순히 비교할 일은 아니다. 나는 인도의 수많은 사회 지도자들에게 카스트 제도를 옹호하는 이유를 물어보았다. "카스트는 수천 년간 역사적으로 증명된 최적의 생산성 높은 분업 제도"라는 게 그들의 한결같은 대답이었다.

자국의 풍습을 최대한 좋게 해석하는 것은 인도인들의 특성이다. 인도인들은 웬만해서는 자신의 잘못을 인정하지 않는다. 그럴 수밖에 없는 이유를 잘 찾아낸다. 자신들의 것에 대한 애착이 강하여 단점을 인정하려 들지 않는 경향이 있다.

부모가 정해준 사람과 결혼하는 것을 운명으로 받아들이며 이혼율도 매우 낮다. 신세대들은 조금씩 변하고 있다고 하나, 여전히 절대다수가 전통적 결혼 관습을 답습하고 있다.

카스트 제도

사무실에서 차를 마시다가 실수로 찻잔을 떨어뜨려서 찻잔이 깨진 적이 있다. 나는 급히 깨진 조각들을 줍고 휴지로 바닥을 닦았다. 그때 인도인 여자 비서가 내 방으로 들어오다가 그 장면을 보고는 경악하듯이 놀랐다. 그리고 내 행동을 제지했다. 나는 그

비서가 자신이 직접 치우려고 그런가 하고 생각했다. 하지만 그녀
는 급하게 청소부를 부를 뿐 자신은 손도 까딱하지 않았다. 카스
트에 따른 분업화된 직업의식을 보여주는 사례이다. 그들에게는 청
소하는 계층이 따로 있다.

인더스 문명을 파괴한 북부의 아리안족이 인도를 정복하면서
계급 간의 사회적 이동을 불가능하게 만듦으로써 소수의 지배 집
단이 피정복민들을 안정적으로 통치하기 위해 만든 제도에서 카
스트가 유래하였다고 한다. 카스트에는 브라만, 크샤트리아, 바이
샤, 수드라 4개의 신분 계급과 카스트 밖의 불가촉천민인 달리트
가 있는데, 그 안에는 세분화된 약 3,000개 직업군인 '자띠'가 있
다. 브라만은 전체 국민의 5%를 차지하고 16% 정도가 달리트이다.
카스트는 스리랑카, 네팔, 파키스탄, 방글라데시에도 남아 있다.

인도 헌법은 카스트 제도를 금지하고 있지만, 헌법과 모순되게
도 하위 카스트를 우대하는 다양한 사회적 약자 보호 정책을 시
행한다. 대학 입학이나 공무원 채용 등에서 하층민을 위한 별도의
할당제를 도입하고 있다. 공식적으로는 부정하지만, 실제는 제도의
존재를 인정하는 것이다.

웃지 못할 일은 이러한 할당제의 혜택을 받기 위해 사회적 신분
을 낮추고자 하는 공동체들의 집단행동이 간간이 나타나고 있다
는 점이다. 이러한 카스트는 대도시를 중심으로 조금씩 그 자취를
잃어가고 있다.

간디가 암살된 이유는

비폭력 무저항 운동으로 인도의 독립과 통일을 위해 순교자적 삶을 살았던, 인도인들이 가장 존경하는 인물 간디는 인도인에 의해 암살당했다. 간디는 인도를 분열시켜온 종교 간 적대를 해소하기 위해 노력하면서 비폭력을 강조하며 이슬람과의 화합을 추진했다. 그러나 대다수의 인도인은 힌두교 중심의 통일국가 건설을 꿈꾸었다. 극단적인 힌두교 원리주의자들은 힌두교의 영광을 재현하는 것을 목표로 삼았다. 그들은 이슬람과의 화합을 시도하는 간디를 용납할 수 없었다. 오늘날에도 힌두교도들과 무슬림들 간에는 종종 폭력 사태가 일어난다.

인도의 중산층

인도 인구는 13억 명으로 곧 중국을 추월할 기세다. 그래서 흔히들 인도를 제2의 중국 시장 또는 중국을 능가할 잠재력을 가진 '미래 먹거리 시장'이라고 이야기한다. 그러나 아직도 원시적 농업에 종사하는 가난한 농부가 인구의 70%를 차지한다. 인도에서 우리 제품을 구매할 경제력을 갖춘 중산층 인구는 기껏해야 2억 명 정도밖에 되지 않는다.

한국인들의 60%가 자신을 중산층이라고 생각한다. 우리나라에서 중산층의 기준은 경제력이다. 그런데 내가 살았던 독일이나 프랑스 등 유럽 국가들에서 경제력은 중산층을 가르는 기준이 아니다. 네 가지 조건을 갖추어야 중산층으로 인정받는다. 첫째, 외국어를 두 가지 이상 구사할 수 있어야 한다. 둘째, 하나 이상의 악기를 다룰 줄 알아야 한다. 셋째, 혼자 할 수 있는 스포츠(승마, 스키, 수영 등)를 한 가지 이상 즐길 수 있어야 한다. 넷째, 사회적 이슈에 관심을 두고 봉사 활동이나 기부를 해야 한다.

인도 중산층은 한국처럼 경제력을 기준으로 나눈다. 여기에 한 가지 기준이 더 있는 것 같다. 사회적 체면과 관련된 결혼식과 생일 파티를 남들이 부러워할 정도로 치르는 사람이 중산층으로 인정받는다.

영어와 크리켓 외에는 통일된 것이 없는 나라

인도에 4년 반 근무하면서 여러 가지 질문을 받았다. "LG전자의 인도 전략은 무엇인가?", "인도 시장을 타깃으로 한 제품별 모델 개발은 어떻게 하는가?", "인도 사람의 특징은 어떤가?" 등이다. 그런데 이 질문들에 답하기가 매우 곤란했다. 사실상 인도는 한 나라라고 보기 어렵기 때문이다.

역사적으로 인도가 한 나라로 통일된 것은 영국이 인도를 지배하기 시작하고 나서의 일이다. 우리는 영국이 인도라는 한 나라를 침공하여 식민지로 만들었다고 알고 있지만, 사실 영국은 당시 인도 대륙에 존재하던 500여 개의 크고 작은 왕조들과 개별 조약을 통해 인도 대륙 전체를 지배하였다. 지금 인도는 29개 주로 구성되어 있는데, 매우 독립적이다. 모디 총리 이후 연방 정부의 권한이 강화되고 있지만 그런 모디 총리도 남쪽의 케랄라주와 타밀나두주는 방문조차 하지 못한다. 인도 내부 통합을 외치며 용감하게 타밀나두의 주도 첸나이를 방문했던 과거 총리들은 모두 암살당했고 현 집권 여당인 BJP는 이 지역에서 단 1명의 국회의원도 배출하지 못하고 있다. 타밀나두주는 힌두어 사용을 자체적으로 금하고 있기조차 하다.

지금은 망하고 없는 과거 500여 개 중소 왕국의 흔적이 인도 전역에 골고루 산재해 있다. 거래선들이나 우리 법인 직원 중에도 왕족 출신이 있다. 그 지역에서 그들의 영향력은 여전히 무시할 수 없고 심지어 지역 주민의 존경을 받고 있는 것을 보면 신기한 생각이 든다.

당시 왕궁으로 사용되었던 건물들은 오늘날 호텔이나 고급 식당으로 변모하였다. 인도는 500여 개 왕국 역사가 말해주듯이, 한 나라가 아니다. 종족과 언어가 다르다. 다신교인 힌두교 특성이기도 하지만, 인도인들이 믿는 신의 숫자가 수천만 개라고 한다. 모든 동물을 신으로 믿는데, 심지어 쥐를 신으로 믿는 사원에 가면 엄청나게 살이 찐 쥐들이 귀족 대우를 받으며 자유롭게 뛰어놀고 있다.

인도인들은 오랜 기간 가난했고 지금도 매우 가난하다. 먹고살기 위해 해외로 나가는 게 대다수 국민의 꿈이다. 비옥한 농토를 가진 북서부 펀자브 지역 사람들은 영국과 캐나다에 많이 진출했고 남서부 케랄라 주민들은 두바이를 비롯한 걸프 연안 국가들의 주력 인구를 형성하고 있다.

싱가포르와 스리랑카에 사는 인도인들은 대부분 인도 남동부 타밀나두 출신들이다. 스리랑카로 대거 건너간 타밀나두 사람들은 스리랑카 내전의 주역인 타밀나두 반군 세력으로 성장하였다. 아직도 스리랑카 원주민과 타밀나두인들 간 불화는 여전하여 언제 내전으로 다시 번질지 모르는 휴화산 같다.

인도가 200년간 영국의 지배를 받았지만, 인도 전역을 다녀보아도 영국 식민지 잔재나 영국의 영향을 받은 흔적은 잘 보이지 않는다. 음식에도 영국적 요소가 전혀 남아 있지 않다. 36년간 일본의 지배를 받은 한국이 일본 음식 문화의 영향을 크게 받았고 우리가 생활하면서 사용하는 다양한 분야의 여러 가지 용어 중 일본어의 잔재가 남아 있는 것과 대조적이다. 인도인들이 영국을 선망하는 데 비해 한국인들이 일본을 경멸하는 것도 크게 다른 점이다.

인도 29개 주 중에서 상대적으로 부유한 곳이 펀자브주이다. 이곳은 부자들이 많기로 유명하다. 그 뿌리를 추적해보면 영국 식민지 시절 인도에서 체격이 큰 펀자브 사람들이 영국 군인으로 많이 차출된 데서 시작된다. 영국군으로서 이집트 전쟁 등 수많은 전쟁에 참전하고 난 뒤 전후 영국에 간 이들 중 일부는 영국에 남아서 살고 일부는 고향으로 돌아왔다. 그들은 영국 정부로부터 받은 군인 월급을 모은 돈을 가지고 돌아와서 펀자브 지역에 땅을 사고 집을 지어 살기 시작했다. 이들이 기존 펀자브 사람들보다 월등한 부자가 된 것은 역사적으로 자연스럽다.

이렇게 지역별·인종별로 다양한 인도라는 국가를 단일한 나라처럼 표현하는 것은 불가능하다. 시장별 특성에 맞는 제품을 개발할 때도 인도 소비자들을 한 묶음으로 보고 하나의 인도 시장 적합형 모델을 개발한다는 것은 전혀 현실성이 없다. 남쪽 사람들은 붉은색을 선호하지만, 북부 사람들에게는 붉은색은 금기다. 채식주의자가 많은 인도이지만, 케랄라 사람들은 소고기조차 잘 먹는다. 인도 사람들은 소를 신성시하여 소고기를 먹지 않는다고 알고 있는 한국인들에게는 충격적인 일이다.

인도에서 차도에 소가 자유롭게 다니는 장면을 TV 영상 등을 통해 흔히 볼 수 있다. 우리는 인도인들이 종교적으로 소를 신성시하기 때문에 그렇게 되었다고 알고 있다. 그러나 내가 직접 확인한 사실은 기존에 알던 것과 달랐다. 농업을 주력으로 하는 인도에서 소는 노동력을 제공하고 우유를 선사하는 매우 소중한 동물이므로 함부로 죽이지 못하도록 해왔다. 그런데 길거리에 주인 없이 돌아다니는 소는 더는 노동력을 제공하지 못하고 우유도 생산하지 못하는 늙은 소들이다. 죽일 수 없기에 주인에 의해 버려진 것이다. 인도 정부는 이러한 소들을 모아서 도축하여 베트남 등 외국에 수출한다. 이렇게 도축되어 수출되는 소고기의 양은 엄청나다. 인도는 세계에서 소고기 수출 1위 국가다. 이 사실을 아는 한국인은 매우 드물 것이다.

나는 인도에 오기 전에 알고 있던 인도에 대한 상식적 수준의 지식 중 사실과 다른 것이 매우 많다는 것을 현장에서 수없이 발견했다.

이렇듯 서로 닮은 점이 없는 인도인들이 공통적으로 열정을 가진 게 있다. 바로 영어와 크리켓이다. 영어가 인도의 공용어이긴 하지만 대다수 인도인은 영어를 전혀 하지 못한다. 13억 인구 중 약 2억 명이 영어로 소통할 수 있고 영어를 모국어 수준으로 유창하게 구사할 수 있는 인구는 극소수에 불과하다. 인도에서 영어를 잘한다는 것은 거의 카스트 수준의 신분 보장과 높은 경제력 보장을 의미한다. 그래서 전 국민이 영어를 열정적으로 공부한다. 그리고 영어로 가르치는 학교에 자녀를 보내는 게 보통 인도인들의 희망이기도 하다.

내가 인도 법인장일 때 내 차를 몰던 현지인 운전기사는 딸을 둘 두었다. 이 둘을 모두 영어로 수업하는 학교에 보낼 수 있는 것을 큰 행운으로 생각했고 이를 내심 자랑스럽게 여겼다.

인도인들을 하나로 만드는 두 번째는 크리켓이다. 인도 국가 대표팀 경기가 있는 날이면 정부 기관도 업무를 중지하는 등 국가 전체가 모든 기능을 멈추고 크리켓 경기를 볼 정도다. 특히 파키스탄과의 경기가 있는 날이면 살기가 느껴질 정도로 전 국민의 응원 열기가 뜨겁다. 이 열기는 상상을 초월한다.

이 두 가지, 영어와 크리켓을 빼면 인도는 한 나라가 아니다. 인도 영토의 남북 길이만 3,200킬로미터이다. 한 나라 안에서 언제나 네 계절이 공존한다. 히말라야 지역은 항상 겨울이고 인도 대륙 남쪽 끝 지역은 항상 여름이다. "인도에서는 10킬로미터마다 새로운 지역이 나타난다"는 말이 있다. 인도는 한마디로 다양성의 국가이다. 그래서 'incredible'하다.

한국과 인도의 역사적 관계

한국인들에게 인도는 불교 발상지 이미지가 가장 강하다. 그러나 인도에서 불교 신자를 만나는 것은 하늘의 별 따기처럼 어렵다. 나는 인도에 있으면서 단 한 사람의 인도인 불교 신자를 만난 적이 없다.

신라 혜초 스님이 날란다 불교 대학에서 유학하고 『왕오천축국전』을 썼다. 불교의 4대 성지는 석가가 태어난 룸비니Lumbini(네팔), 깨달음을 얻은 부다가야Bodhgaya, 처음 설법을 했던 사르나스sarnath, 열반에 들어간 쿠시나가르Kushinagar이다. 요즘도 많은 한국 불교 신자가 이 지역에 순례 여행을 간다. 이곳을 여행한 후 그 기행문을 3권의 책으로 출간한 도올 김용옥 선생의 기록을 보면 혜초가 4대 성지를 여행하면서 겪었던 유쾌하지 못한 경험들을 1,300년이 지난 오늘날에도 똑같이 겪게 된다는 내용이 나온다. 참 변화가 없는 인도다.

한국 사람들이 인도에 대해 친근감을 들게 한 첫 번째의 역사적 배경은 김수로왕의 부인 허황후가 인도 아유타국 공주였다는 기록에 있다. 김해 김씨 종친회는 매년 인도 아요디야 지방을 방문하여 허황후의 제사를 지내고 있다. 허황후 이야기가 설화인지 사실인지 확인할 길은 없지만, 많은 사람이 사실로 받아들이고 있는 것 같다.

옛 속담 중 "장님 코끼리 만지기"가 있는데, 한국이나 중국에는 코끼리가 없는데, 어떻게 그런 속담이 생겼을까? 혹시 한국과 인도 간 교류가 수천 년 전부터 있었던 게 아닐까 하는 추측도 생긴다. 그리고 석가탑을 만든 아사달과 아사녀는 인도에서 온 기술자가 아닐까? 인도에 오기 전에 가졌던 이러한 궁금증을 풀기 위해 여러 사람에게 물어보았다. 그 결과 불교『열반경』에 나오는 '군맹무상群盲撫象'을 번역한 말이라는 걸 알게 되었다. 세상에 절대적인 것은 없다는 교훈을 가르치는 표현이라고 한다.

양극이 평화롭게 공존하는 사회

'인도' 하면 떠오르는 장면 중 하나는 참혹한 빈민가이다. 영화 속에서도 자주 등장한다. 뭄바이 슬럼가를 가보면 정말 비참할 정도로 가난한 모습에 눈시울이 뜨거워진다. 그런데 그곳에서 몇백 미터 떨어진 곳에 세계에서 가장 화려하고 가장 비싼 주택이 있다. 릴라이언스 그룹 무케시 암바니 회장의 집이다. 뭄바이 시내 번화가도 서울 테헤란로에 조금도 뒤지지 않는다.

극단적으로 가난한 사람과 극단적으로 부유한 사람이 이웃하며 평화롭게 함께 살아가는 모습이 이방인들에게는 신기하게 보일 뿐이다.

정신세계에서도 이러한 극단적인 부분이 자연스럽게 동시에 작동하고 있다. 힌두교는 매우 현실적인 종교인데 오리샤주에 있는 태양 사원Sun Temple은 외곽이 온통 성행위하는 적나라한 모습의 조각들로 채워져 있다. 쾌락도 성취해야 할 삶의 목표로 인식하는 힌두교의 의식을 잘 드러낸 광경이다.

이와는 극단적으로 반대인 금욕 또한 인도의 전통이다. 나는 실제로 금욕 생활을 하면서 음욕의 장점에 대해 열변을 토하는 인도인 친구들을 여러 명 만났다. 카마수트라性愛와 금욕이 공존하는 나라. Incredible India!

부탄 사람들은
정말 행복할까?

공산주의 체제 모계사회

세상에는 행복한 사람이 더 많을까, 불행하다고 느끼는 사람이 더 많을까? 어느 나라 사람이 가장 행복할까? 세계에서 가장 행복 지수가 높다고 알려진 부탄을 3박 4일 여행해보았다. 그때 알게 된 것은 부탄 국민은 우리가 뉴스를 통해 들은 것처럼 행복한 것 같지는 않다는 점이다.

왕권 국가인 부탄의 경제 체제는 완벽한 공산 경제이다. 주거, 의료, 교육 등 모든 것을 국가가 무상 제공한다.

부탄을 여행하려면 사전에 부탄 정부가 운영하는 관광공사 같은 곳에 호텔 숙박비, 식비, 차량 렌트비 등 일체의 비용을 치른다. 그래서 입국 후에는 현지에서 돈을 쓸 일이 없다. 돈이 돌지 않는 사회, 욕망이 박탈된 사회는 활력이 없었다. 내가 만난 관광 가이드와 선물 가게 점원, 호텔 직원들은 무기력과 무표정 그 자체였다.

부탄에서 모계사회의 생생한 모습을 알게 되었다. 그들은 성姓이 없고 이름만 있었다. 아버지가 누군지 알 필요가 없기 때문이다. 여자가 출산하여 절에 가서 승려에게 신고하면 그 승려가 애기 이름을 지어준다고 한다.

통계의 진실

2021년 유엔이 행복 보고서를 발표했다. 세계 1위는 핀란드, 2위는 덴마크였다. 우리나라는 62위를 기록했다. 그런데 부탄은 우리보다 행복지수가 더 낮다고 발표되었다. 그렇다면 부탄이 행복지수세계 1위 국가라는 정보는 어디서 나온 것일까? 그 근거는 부탄 정부의 자체 측정 결과이다. 그것도 고립되어 살아가면서 비교할 정보가 없는 대상으로 한 측정 결과이다. 영아 사망률, 평균수명, 문맹률 등이 국제 평균에 못 미치고 1인당 국민소득 2,000달러 수준이며 도로, 철도, 항공, 통신망, 상·하수도, 주거 등에서 끔찍한 불편을 겪는 현실을 주관적 행복이라는 포장지로 가린 것이다.

부탄에서도 공산 체제에 대한 염증을 느낀 젊은이들을 중심으로 저항 세력이 형성되고 있다. 30년 전 동유럽에 불었던 개방 개혁이 진행될 수도 있다. 스스로 행복하다고 느끼기에 부탄 국민이 가장 행복하다는 통계는 전혀 신뢰할 수 없다. 인간의 경제적 욕망을 부정하는 공산 체제는 무기력만 불러올 뿐이다. 주인의식을 근간으로 하는 사유재산 제도가 더 큰 행복을 가져다준다는 사실은 역사적으로 증명되었다.

기업가 정신이
강한 나라

창업 열기로 뜨거운 중국과 이스라엘

가끔 "인도가 중국과 어떻게 다른가?"라는 질문을 받곤 한다. 그럴 때면 나는 "중국은 공산 독재국가이므로 독재자의 지시가 일사불란하게 전달되고 시행되지만, 인도는 지나치게 민주적인 정치 체제여서 의사결정에 너무 오랜 시간이 걸린다"고 대답한다. 인구 대국이라는 공통점을 가진 두 나라를 여러 측면에서 비교하는 것은 의미 있고 유용하다.

경제 발전 요인 관점에서는 한국, 중국, 이스라엘, 인도 4개국을 비교해보면 흥미롭다. 중국은 고도성장을 지속 중이다. 코로나

19로 전 세계가 심각한 마이너스 성장 중인데도 유일하게 플러스 성장을 하고 있다. 그리고 세계적인 초대형 기업들이 속속 출현하고 있다.

그 원동력은 무엇일까? 중국인들의 창업 열기에서 해답을 찾을 수 있다고 본다. 창업 열기로 뜨거운 오늘날 중국의 모습은 재벌 기업들의 창업 1세들이 활약하던 1960~1980년대의 한국과 닮은 점이 많다. 창업 3세대가 주류를 이루는 오늘날 한국 기업들은 창업 세대들이 경영하던 시절에 비해 창의력과 열정, 용기가 상대적으로 부족해 보인다. 그래서 창업 1세가 이끄는 중국 경제가 창업 3세가 책임지고 있는 한국 경제보다 활기차게 성장하는 것이라고 판단한다.

이러한 중국보다도 더 창업 열기가 강한 국가가 이스라엘이다. 창조와 혁신을 최고 가치로 삼는 후츠파 정신으로 무장한 이스라엘 국민은 남녀노소 모두가 항상 창업할 태세를 갖추고 살아간다. 그들에게 창업은 새롭고 특별한 일이 아니고 그냥 삶 그 자체이다. 세계 최강 군대를 자랑하는 이스라엘 군인들의 병영 생활도 그 내용을 들여다보면 창업에 필요한 기술과 이론적 지식 등을 알차게 배우는 기간으로 활용된다.

모험 대신 안정을 추구하는 인도

인도는 어떨까? 인도인들은 반문명적 구시대 유물인 카스트 제도를 청산하지 못한 채, 그것을 '역사적 경험에 의한 합리적인 계층 간 최적의 분업 시스템'이라고 인식하고 있다. 현실에 대한 불만을 해결하려고 노력하기보다는 숙명적으로 받아들이고 다음 생에서 더 나은 계층으로 환생하기를 기도하며 사는 사람이 인도인의 주류를 이룬다. 그들의 창업 열기가 낮은 것은 어찌 보면 당연한 일이다.

인도 헌법상 공식적으로 카스트 제도는 허용되지 않는다. 누구나 자기 노력과 실력에 따라 높은 지위로 올라갈 수 있다는 뜻이다. 그 대표적인 기회가 공무원이 되는 것이다. 그래서 안정적인 수입과 권력을 보장받는 공무원이 되려고 필사적인 노력을 한다. 민간 기업에 입사하려는 젊은 층도 늘고 있지만, 이들도 대부분 대기업에 들어가서 안정적인 생활을 영위하고자 하는 욕망에 사로잡혀 있다. 모험을 감수하며 창업을 하려는 젊은이는 별로 볼 수 없다. 그래서 중국과 같은 신생 기업이 거의 없다. 중국과 비교할 때 경제 발전의 원동력이 취약하다.

우리나라 젊은이들이 창업보다는 공무원 시험과 대기업, 공기업 입사에 매달리는 모습은 중국이나 이스라엘보다는 인도에 가까운 모습인 것 같아서 걱정스럽다.

VI

글로벌 리더의
조건

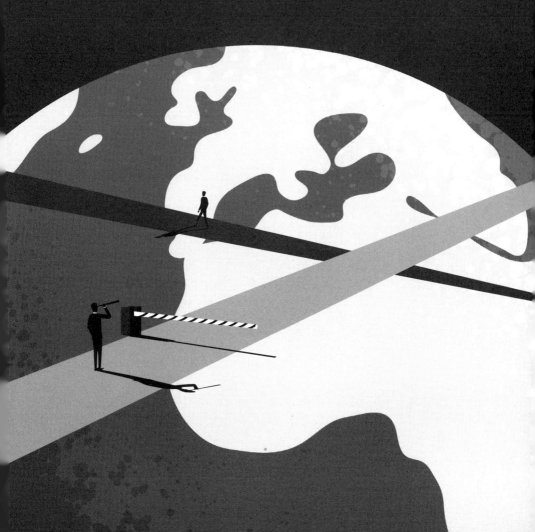

비즈니스에는
마지노선이 없다

믿고 의지할 철옹성은 없다

기원전 202년 12월, 두 영웅이 중국의 패권을 놓고 혈전을 벌였다. 초나라 항우와 한나라 유방은 해하垓下에서 승부를 판가름하는 최후의 결전에 들어갔다. 전세는 압도적이었다. 유방이 이끄는 한군은 항우의 초군을 포위하며 공격했고, 10만 명의 초군 중 8만 명이 전사했다. 초군은 지치고 굶주린 채 한군에게 에워싸인 형국이었다. 그런데 그때 초군을 둘러싼 한군 막사로부터 초나라 노랫소리가 들려왔다. 초나라 병사들은 울컥하는 심정으로 고향을 사무치게 그리워하며 전의를 상실했다. 결국 한나라 유방이 승자가 되어 초한 쟁패기가 마무리된다. '사면초가四面楚歌'라는 고사성어의 유래다.

제2차 세계대전 초기에 독일의 폴란드 침공에 놀란 프랑스는 독일-프랑스 국경 근처에 30킬로미터에 달하는 마지노선Ligne Maginot(구축을 추진한 당시 프랑스 국방장관 앙드레 마지노의 이름 땄다)을 구축하여 독일의 침략에 대비했다. 마지노선은 1927년에 짓기 시작하여 1936년에 완공되었다. 알자스에서 로렌에 이르는 긴 요새는 역사상 유례를 찾아보기 힘들 정도로 난공불락이었다. 지금도 마지노선은 '최후의 방어선', '더는 적의 진입을 허락할 수 없는 보루' 등의 뜻으로 쓰인다.

독일은 동부의 폴란드 침공에 전력을 집중하느라 프랑스와 인접한 서부 전선을 상대적으로 소홀히 다루었다. 그러자 철옹성인 마지노선을 수비하는 프랑스인들은 무료함에 빠졌다. 프랑스 정부는 이곳 병사들의 지루함을 달래주기 위해 군대 내에 오락장을 설치했으며, 위문 공연단을 파견하기도 했다. 축구공 1만 개를 보내준 적도 있다. 독일의 침공을 받은 폴란드는 프랑스에게 취약해진 서부전선을 공격해달라고 요청했는데, 프랑스는 이를 받아들이지 않았다. 만약 프랑스가 독일 서부를 공격했다면 히틀러의 모험은 초기에 실패하고, 2차 대전의 참화가 크게 번지지 않았을 수도 있다.

하지만 프랑스는 유리한 전세 중에도 공격하지 않고 한가하게 수비만 했다. 모험을 피하고자 했기 때문이다. 1차 대전 후 전쟁에

염증을 느낀 프랑스 국민 사이에는 반전 정서가 넓게 퍼졌다. 나약하고 무능한 프랑스 정부에 대한 신뢰도 낮았다. 그들이 전쟁을 승리로 이끌 수 없을 것이라는 불신이 깔린 상태라, 전선의 군인들은 사기가 저하된 상태였다.

1차 대전이 발발했을 때 프랑스 정부는 병사들에게 크리스마스에는 집에 돌아가게 해주겠다고 호언장담했다. 그러나 참전 병사들이 집으로 돌아가기까지 4년이 걸렸다. 그 기간 수많은 가정이 가족을 잃었다. 이런 상황에서 더는 나폴레옹 같은 인물이 나타날 가능성이 없다고 판단한 국민 사이에는 국력이 강한 영국을 따라하는 게 낫다는 여론이 폭넓게 형성되었다.

프랑스가 마지노선을 믿고 안심하고 있을 때, 독일군이 프랑스를 공격했다. 마지노선을 우회하여 진군함으로써 프랑스군을 참패시켰다. 그러자 마지노선은 세상 사람들의 웃음거리가 되었다. 후에 미국이 참전하고 프랑스가 포함된 연합국의 승리로 2차 대전이 종전되었을 때 프랑스가 입은 피해는 형용하기 어려울 정도였다.

거인의 몰락

비즈니스에서도 이와 비슷한 사례를 쉽게 찾아볼 수 있다. 아날로그 필름 업계 절대 강자였던 코닥Kodak은 그 당시 세계 최고 수준의 디지털 기술을 보유하고 있었다. 그러나 코닥은 새로운 도전에 나서지 않았다. 어떤 경쟁 업체도 감히 넘볼 수 없는 코닥의 마지노선을 믿고 안주했던 것이다. 그러나 비참한 종말을 맞이하고 말았다. 노키아Nokia의 모바일폰과 소니Sony의 TV도 비슷한 과정을 겪고 있다.

기업들이 절대 빼앗기지 않을 것이라 장담하며 의지하던 마지노선이 무너져서 낭패를 당하는 일은 매우 흔하다. 조직에서 업무를 수행하는 사람들도 비슷한 경험을 하곤 한다. 독일군이 마지노선을 우회하여 공격했듯, 사업에서도 생각하지도 못하던 곳으로터 침공이 시작될 수 있다. 자신이 보유한 기술력과 제품력을 믿고 자만하다가, 경쟁사가 예상하지 못한 신기술과 신제품을 개발하여 등장할 때 경쟁에서 낙오하는 사례는 더욱 빈번하게 일어날 것이다.

특히 디지털화가 급속하게 일어나고 있고 코로나19로 비대면 활동이 새로운 일상이 되어버린 요즘은 더욱 그렇다. 예전에는 부모님이나 가족, 친구 생일 선물을 사기 위해 백화점이나 시장을 방문하는 등 이곳저곳을 둘러보았지만, 요즘은 대부분 온라인으로 선물을 탐색하고 구매하여 택배로 발송한다. 쇼핑 장소로서의 백화점은 그 기능을 점점 상실하는 중이다. 오랜 역사와 전통을 자랑하던 미국의 유명 백화점들이 지난 몇 년간 아예 문을 닫았고 온라인으로 전환한 유통 사업들만 살아남았다. 우리나라에서는 전통적인 백화점들은 매출이 줄어들고 있고 스타필드처럼 복합 레저 타운 기능의 쇼핑몰로 변모하고 있다. 비즈니스에는 마지노선이 없다.

이순신의
리더십

아찔한 상상

역사에 가정은 없다고 하지만, 이런저런 상상을 해볼 때가 있다. 삼국시대 신라에 태종무열왕 김춘추와 김유신 장군이 없었다면 상황은 어떻게 흘러갔을까? 끝끝내 삼국 통일은 이루어지지 않았을 것이다. 어쩌면 아직도 통일되지 못하고 4~5개의 독립된 국가들이 각기 다른 언어를 사용하며 좁은 한반도에서 경쟁하고 있을지도 모른다.

임진왜란의 위기 상황에 이순신 장군이 없었다면 우리의 역사는 어떻게 되었을까? 오늘날 우리는 일본어를 모국어로 삼는 일본 사람으로 살아가고 있지 않을지, 모골이 송연하다. 류성룡과 이순신의 만남이 없었더라면, 조선은 일본에 정복당해서 나라를 완전히 빼앗기고 조선인들은 일본인으로 살아야 했을지도 모른다. 절체절명의 때, 이순신 장군이란 존재를 생각하면 그 위대함은 크기를 가늠하기 어렵다.

우리는 이순신 장군의 일생을 살펴보면서 그의 위대한 면모를 발견하고 이것을 깊이 배워야 할 것이다. 그에게서 꼭 이어받아야 할 정신적 가치는 무엇일까? 애국심과 멸사봉공의 정신 등은 우리가 익히 배워서 알고 있다. 그 밖에 더 현실적이면서도 핵심적인 교훈을 찾는다면 무엇이 있을까?

나는 "남을 원망하지 않고 결과를 남의 탓으로 돌리지 않는 점"이라고 이야기하곤 한다. 원균의 모함과 중상모략으로 낭패를 보고 억울하게 면직되었을 때에도 그는 원균을 원망하지 않았다. 질투심에 불타는 선조가 이순신의 공을 치하하기는커녕 백성들이 이순신을 존경하고 따르는 것을 불쾌하게 여기면서 부당한 처우를 해도 그는 선조를 원망하지 않았다.

목표를 향한 순수한 몰입

무엇이 이순신 장군으로 하여금 그토록 억울한 일을 당하고도 원망하지 않게 하였을까? 더 나아가 그가 겪은 고난을 남의 탓으로 돌리지 않게 만들었을까? 이순신 장군이 오직 한 가지 목표에 몰두하여 남 탓이나 원망을 할 겨를이 없기 때문이었으리라 생각한다. 이순신 장군의 머릿속에는 왜군의 침략으로 신음하는 조선 백성을 구해내고 더럽혀지고 있는 조선 강토에서 왜군을 몰아내는 것 외 다른 것은 없었으리라. 그래서 원균의 모함과 선조의 말도 안 되는 지시들에 대해 불만을 표현할 생각조차 일어나지 않았고 그럴 시간적 여유도 없었을 것이다.

우리는 일을 함에 있어 부닥치는 예기치 않은 장애물을 만난다면 그 장애물 때문에 일을 그르치게 되었다고 장애물 탓을 한다. 남 탓과 환경 탓을 하는 게 일상화된 우리에게 이순신 장군은 남 탓하고 환경 탓할 시간에 주어진 일을 어떻게 하면 더 잘할 수 있을지에 대해서 고민하라고 가르치고 있다.

숭고한 목표를 향한 집념을 품은 채, 다른 번잡한 데는 눈길조차 주지 않고 자신과 조직을 그곳으로 향해 이끄는 리더야말로 위대한 리더이다. 그에게서 세상을 변화시킬 위대한 리더십이 발휘된다.

귀수불심鬼手佛心

교도소 담장 위를 걷는 사람들

백범 김구 선생의 휘호揮毫로 '鬼手佛心'이란 네 글자를 접하며 강렬한 인상을 받았다. '귀신의 손과 부처님의 마음', 즉 귀신 같은 재주와 부처님의 인자한 마음을 동시에 갖는다는 뜻이다. 나는 비즈니스를 하는 사람으로서 '능력이 있는 자가 그 능력을 올바르게 활용하라'는 의미로 이 글귀의 의미를 받아들이고 이를 실천하려고 노력하였다.

한국에서는 "정치가나 기업을 경영하는 사람은 교도소 담장 위를 걷는 것과 같다"는 말이 있다. 현실을 날카롭게 풍자한 말이다.

기업가나 정치가는 죄를 짓고자 하는 유혹을 많이 받는다. 그리고 복잡다단한 법률 체계 내에서 자칫하면 범법 행위를 저지르기 쉬운 환경에 처한다. 이런 상황을 적절히 표현했다고 볼 수 있다.

나는 '경영자란 나쁜 일을 할 수 있으면서도 나쁜 일을 하지 않는 사람이 아닐까' 하고 종종 생각한다. 능력이 부족한 사람은 나쁜 일을 도모할 수도 없다. 따라서 기업을 경영하는 사람은 나쁜 일을 할 수 있는 능력을 갖추어야 한다. 여기서 한발 더 나아가 이러한 악의 유혹에 흔들리는 인간적 면모도 일정 정도 필요하다고 본다. 이 말이 좀 이상하게 들릴 것이다. 하지만 모든 사람은 악마적 유혹에 약해지려는 본능을 갖고 있으며 그것은 어떻게 보면 인간적이고 자연스럽기조차 하다.

경영자도 보통 사람이다. 나쁜 일을 하려는 인격이 마음속에 있다. 역설적으로 그렇기 때문에 부하 직원이나 업무상 만나는 사람들이 악한 일을 하려는 것을 눈치채고 사전에 막을 수 있다. 즉 누군가 악한 행동을 하려는 나쁜 마음을 품고 있다는 것을 알아차릴 수 있어야 그 사람이 악한 마음을 행동으로 옮기기 전에 방지하는 방법들을 고안하고 적절한 행동을 취하여 사전에 막을 수 있다는 것이다.

악인의 인격을 다스리는 또 다른 인격

이러한 예방 조치를 하기 위해서는 경영자 자신도 그들과 마찬가지로 악한 행동을 하려는 나쁜 마음을 갖고 있음을 인정하고, 그러한 마음을 다스릴 수 있는 또 다른 인격을 새로이 만들어야 한다. 이것이 리더로서 수양이다.

자신은 리더이기 때문에 부하들과 달리 나쁜 일을 할 수 있는 악인의 인격을 갖고 있지 않다고 생각하면 안 된다. 그러나 리더는 부하 직원들이 갖고 있지 못한, 그러한 악인의 인격을 다스릴 수 있는 또 다른 인격을 갖추고 있어야 한다.

나는 사람들을 크게 세 가지 부류로 구분하여 생각해보곤 한다. 첫째, 마음속에서 일어나는 악한 행동을 하고자 하는 나쁜 생각을 억제하지 못하고 행동에 옮겨서 죄를 짓는 사람. 둘째, '그렇게 해서는 안 되지'라는 이성적 판단과 악한 행동을 하고 싶은 본능적 충동 사이에서 갈등하면서도 악한 행동을 억제하고 있는 대부분의 보통 사람들. 셋째, 악한 행동을 하고자 하는 나쁜 마음을 다스릴 수 있는 새로운 인격체를 스스로 만들어서 악한 마음이 일어나는 것을 인정하면서도 그것을 제어하고 더 나아가 타인의 악한 심정을 역지사지로 이해하고 공감하면서 그들을 계도啓導할 수 있는 지도자 그룹.

정치 지도자와 기업 경영자들은 셋째 그룹의 사람들이어야 한

다. 그러나 '아차!' 하는 순간 그러한 악한 인격을 다스리는 데 실패
하면 교도소 담장 안쪽으로 떨어지게 된다.

애정의 반대말은
증오가 아니라
무관심

증오심의 정체

회사 생활을 하면서 힘들었던 수없이 많은 경험 중에서, 돌이켜 생각하면 지금도 후회가 되는 것들이 있다. 그 대부분이 사람과 사람 사이에 흔히 일어나는 불화에 관한 것이다. 특별한 이유 없이 싫은 사람이 있다. 그리고 그러한 감정은 웬만해서는 사라지지 않고 내 가슴속 한 곳에서 오랫동안 자리 잡고 있는 경우가 있다.

일본의 한 기업은 신입 사원을 채용하여 현업 부서에 발령 내면서 첫 과제로 독특한 임무를 준다고 한다. 배치받은 부서에서 근무를 시작하는 첫날 가장 싫은 부서원 한 명을 선택하여 첫 3개월

동안 그 사람과 좋은 관계를 형성하기 위해 집중적으로 노력하라는 것이다. 싫어하는 사람을 좋아하기 위한 노력이 자신을 성장시키게 되므로, 신입 사원들이 사회 초년생으로서 인간관계의 진리를 깨닫고 역량을 쌓도록 하는 회사의 배려이다.

싸우면서 정든다는 말이 있다. 상반된 두 상황이 연결되는 이유는 무엇일까? 싸우는 두 사람의 성격이 대부분 비슷함을 우리는 경험으로 알고 있다. 자신의 싫은 점을 타인에게서 발견할 때 인간은 혐오감을 느낀다. 결국 혐오감의 본질은 자기 자신에 대한 혐오감이다. 그래서 그 혐오감 때문에 다투지만 싸우는 과정에서 상대방에게서 자기 모습을 발견하고 동질감을 느끼면서 애정이 싹트는 것이 아닐까?

결점이 아닌 개성

나는 신입 사원 시절 상사로부터 심한 질책을 받고 속이 상한 나머지 상사에게 말도 안 하고 침묵으로 일관한 적이 있다. 부끄러운 기억이다. 왜 그때 상사에게 찾아가서 먼저 사과하지 못했을까에 대한 후회가 아직도 남아 있다. 그 반대의 경우는 더 후회스럽다. 부하가 먼저 나에게 사과를 하기가 어렵다는 것을 경험으로 알고 있기에, 내가 부하에게 다가가서 "아까는 내가 좀 심했지? 미안해"라고 왜 먼저 사과하지 못했을까 하는 큰 자책감이 남았다.

"즐거워서 웃기보다는 웃으니까 즐겁다"라는 말이 있다. 이와 똑같은 원리가 사과에도 적용된다. 마음이 인자하여 먼저 사과하는 것이 아니다. 먼저 사과하면 인자한 마음이 든다. 사과를 먼저 하지 않고 다툼 뒤에도 상대에 대해 험담하면 상대가 더욱 혐오스러워지고 내 마음도 더욱 꺼림칙하게 된다. 이런 일을 경험하면서도 우리는 용감하게 먼저 사과하기를 주저한다. 그 대신 우리는 꺼림칙한 마음에서 벗어나기 위해 그 상대방에 대해서 무관심해지기로 작정하기도 한다. 그때부터 두 사람의 관계는 서먹서먹해지고 냉랭하게 된다. 이렇게 무관심해지고 냉랭한 관계는 혐오하면서 싸우는 것보다 더 나쁘다.

인간관계를 끝장내는 무관심에 빠지지 않고 다툼의 원인인 혐오를 애정으로 전환할 효과적인 방법이 있다. 상대방의 결점을 '다름'으로 또는 '개성'으로 받아들이는 것이다. 똑같은 부식 작용도 장점만 보면 발효이고 단점만 보면 부패다. 발효의 장점을 택할 것인가, 부패의 결점을 택할 것인가는 나에게 달려 있다.

지금 내 기준에서 혐오스럽게 느껴지는 상대방의 언행을 그의 결점이 아닌 개성으로 보는 마음가짐이 앞으로의 상황을 결정한다. 내 삶을 더 풍요롭게 발전시키기 위해 상대방의 결점을 내가 갖고 있지 못한 그만의 개성으로 인식하는 노력을 해야 한다.

그러나 분노하는 애정은 때로는 침착한 원한만큼 나쁘기도 하다. 삶에 정답은 없다. 다양한 모범 답안들이 다수 존재할 뿐.

내로남불과
춘풍추상

언행 모순의 세상

대학교수를 주 독자로 하는 신문 매체《교수신문》은 매년 말이면 그해의 시대상을 반영한 '올해의 사자성어'를 발표한다. 2020년은 '아시타비我是他非'였다. '나는 옳고 상대방은 틀렸다'는 뜻이다. 이를 보면서 문득 떠오르는 단어가 하나 있다. '내로남불'이다. 2020년 한국 사회에서 가장 많이 인구에 회자된 사자성어(?)는 아마도 '내로남불'일 것이다. 전통적인 사자성어는 아니고 신조어이다. '내가 하면 로맨스, 남이 하면 불륜'의 앞글자를 따서 만든 이말은 아전인수我田引水격의 모순된 언행을 꼬집는다.

기업체나 관공서, 각종 단체 사무실을 방문해보면 그 집단이 추구하는 가치관을 담은 사자성어가 벽면에 붙어 있는 것을 쉽게 발견할 수 있다. 권력 기관이나 대민 업무가 잦은 공공 기관들에서는 '춘풍추상春風秋霜'이 자주 눈에 띈다. '남을 대할 때는 봄바람처럼 부드럽게 대하고 자신에게는 가을 서리처럼 엄격하겠다'라는 근무 자세를 강조하는 말이다.

하지만 어떤 조직의 표어나 슬로건 내용과 실제 그 조직의 문화나 조직원들의 행동은 크게 다르다는 현실을 나는 매우 자주 경험했다. 이것은 매우 아이러니한 현상이다. 예를 들어 '창조'를 강조하는 조직의 구성원들은 별로 창조적이지 않았다. '고객 가치'를 최우선으로 고려한다는 식품 업체들이 불량 식품을 대량 유통하다가 경찰의 수사를 받는 경우도 심심찮게 볼 수 있다.

'춘풍추상'을 회의실 중앙 상단에 크게 표구하여 걸어놓은 권력 기관은 자신들이 한 일은 옳고 그들을 비판하는 언론이나 단체들이 악하다고 강변하는 모습이 자주 눈에 띈다. 전형적인 내로남불이요 아시타비다. 그때마다 '어떻게 저렇게 조직의 구호와 정반대로 행동할 수 있을까?' 하는 의문이 생긴다. 그런데 이러한 모순은 우리 사회의 보편적 현상이 되어가고 있는 것 같다. 그래서 이런 모습에 대해 문제의식조차 느끼지 않고 무의식적으로 당연시하고 있는 건 아닌지 모르겠다.

어떤 단체나 조직의 이름도 마찬가지다. '정의○○'라는 조직의 활동을 보면 정의롭지 못하다. 부모님의 보호를 받지 못하는 아이들을 돌보는 곳의 공식 명칭은 상당수가 '○○희망원'인데, 그 아이들의 처지를 생각하면 모순적이다. 미혼모 쉼터는 '○○복지원'을 자주 사용하는데, 그곳에서 몸을 의탁한 사람들이야말로 복지 사각지대에 처해 있다.

이중성, 인간의 본질

우리는 왜 이런 현상에 무감각해졌을까? 이러한 무감각 경향은 은연중에 교과서적인 가르침이나 교훈 같은 건 실천하지 않아도 되는 것으로 여기도록 조장한다. 오히려 그러한 것들을 소중히 여기고 실천에 옮기려는 사람들이 왠지 좀 아마추어적이고 유치하게까지 느껴지도록 만드는 세상이다.

어떤 새로운 법령이 공표되거나 사회적 캠페인이 전개되면 그 가치와 지침을 충실히 이행해야겠다는 생각을 하기 전에 어떻게 그것을 회피할 수 있을지에 대해 대단히 창조적인 지혜(?)를 발휘하는 걸 즐거움으로 삼는 사람이 있을 정도다.

총리나 장관 후보자 청문회 관련 뉴스를 보면 표리表裏가 부동不同하지 않은 사람이 드물다. 그들이 평소 그토록 강조하던 정의로운 주장들을 그들이 반대로 실천했었음이 청문회 과정을 통해 드러난다. 하지만 별다른 대안적 인물이 없어서 결국 장관으로 임명되곤 했다.

언행이 일치하고 정의로운 사람을 만나는 게 하늘의 별 따기처럼 어려운 세상을 살아가고 있는 것 같아서 종종 쓸쓸하다. 인간은 왜 이렇게 표리부동하고 이중적일까?

일본의 저명한 추리소설 작가인 히가시노 게이고의 『플래티넘 데이터Platinum data』라는 소설이 있다. 주인공은 아버지의 자살에 충격을 받고 철저한 이중인격자가 된다. '카구라'와 '류'라는 전혀 상반되는 두 인격이 하나의 몸속에서 번갈아가며 행동한다. 이 소설을 읽으며 '인간은 정도의 차이가 있을지언정 누구나 이중인격자가 아닐까?' 하고 생각해보았다. 그런 이중인격을 행동으로 나타내는 사람과 생각하며 갈등하지만 행동으로 표출하지 않는 사람이 있을 뿐이다.

우리는 정치인들을 포함한 공인들의 말과 행동이 다름에 대해 실망하고 분노한다. 그러나 '만약에 내가 그 정치인이라면 다르게 행동했을까?'를 자문했을 때 그 정치인의 비난받는 행동이 어느 정도 이해될 때도 있을 것이다. 인간은 누구나 언제든지 변절할 준비가 된 동물은 아닐까? 인간에게 가장 어려운 일이 역지사지易地思之이고 가장 쉬운 일은 내로남불 아닐까?

리더가 갖추어야 할
5가지 덕목

인격, 능력, 비전, 용기, 포용력

나는 38년간 회사 생활을 했는데, 그중 21년을 임원으로서, 즉 조직의 리더로서 살아왔다. 그 21년간 내가 소중히 간직하고 실천하려고 노력한 다섯 가지 덕목이 있다. 부끄럽지만 이 자리에서 이를 소개하고자 한다.

첫째, 리더는 훌륭한 인격의 소유자로서, 성실하고 다른 사람의 모범이 되어야 한다. 나는 언행이 일치하는 지도자가 되려고 노력했다.

둘째, 리더는 사람들을 지도할 수 있고 존경받을 수 있는 광범

위한 혹은 전문적인 지식을 가져 부하들의 개인적인 공헌을 객관적으로 평가할 수 있어야 한다.

셋째, 리더는 자기를 따르는 사람들로 하여금 뛰어난 성과를 달성할 수 있도록 만족할 만한 비전을 제시할 수 있는 창의력을 가져야 한다.

넷째, 리더는 개혁과 발전을 위해서 끊임없이 도전해야 하며, 이 과정에서 발생할 수 있는 위험 부담을 감수할 각오를 하고 결단을 내리는 용기가 있어야 한다.

다섯째, 리더는 자신을 따르는 사람들에게 그들의 생각을 자유롭게 개진할 수 있게 하고 리더의 잘못조차 과감히 지적할 수 있도록 신뢰감을 주어야 하며 그들의 의견을 경청할 수 있을 정도로 포용력이 있어야 한다.

두려움 없는 실천가

비록 인간의 삶은 운명이 좌우하지만, 그 운명이란 인간의 마음속에서 생기는 것이고 행복은 인간 스스로 창조하는 것이다. 리더는 강한 사람이어야 한다. 강한 사람은 생각한 것을 실천으로 옮기기 때문에 생각이 별로 없는 것처럼 보이기도 한다. 반대로 리더가 못 되는 사람은 약자이고, 약자는 실천으로 옮기지 못하는 자신의 나약함을 정당화하기 위해 생각을 많이 한다.

리더는 겁이 적은 사람이다. 겁이란 실패를 예감하는 위축된 자의식이다. 겁 없는 리더가 이끌어가는 사회는 건강하다.

리더의
커뮤니케이션

내가 아니라 상대방이 원하는 것

"인생은 ○○이다"라는 형식의 정의는 무척 많다. 위인들은 저마다 삶에 대해 정의를 내렸고, 우리는 이를 훌륭한 격언으로 받아들이고 지침으로 삼는다. 그리고 평범한 사람들도 저마다 인생에 대한 정의가 있다. 나도 내 나름대로 인생을 정의해보았다. "살아간다는 것은 커뮤니케이션(소통)을 하는 것이다." 나는 인생이 커뮤니케이션이라고 생각한다.

훌륭한 인생을 살려면 커뮤니케이션을 잘해야 한다고 믿는다. 그래서 나는 커뮤니케이션의 본질과 훌륭한 커뮤니케이션의 원칙을 정리해두고 있다. 먼저 나는 커뮤니케이션을 이렇게 정의한다. "내가 전달하고 싶은 메시지를 주는 것이 아니라, 상대방이 원하고 상대방에게 유익한 메시지를 전달하는 것이다. 따라서 상대방이 듣기 싫어하고 상대방에게 도움이 되지 않는 말은 하지 않는 게 좋다."

나는 커뮤니케이션에는 세 가지 요소가 있다고 생각한다. 그것은 속도, 정확, 실행이다. 첫째, 속도이다. 상대방이 듣기 원하고 상대방에게 도움이 되는 메시지나 상대방 메시지에 대한 답신은 빠를수록 상대를 기쁘게 한다. 둘째, 정확성이다. 메시지 내용이 사실fact에 근거하고 합리적이고 논리적이면 설득력이 있다. 그리고 상대는 나를 신뢰하게 된다. 셋째, 실행이다. 내가 제공한 메시지 내용을 내가 실천하면 상대와 나의 관계는 더욱 공고해진다.

커뮤니케이션 4단계 원칙

나름대로 커뮤니케이션을 정의하고 필수 요소를 정리하면서 경험을 바탕으로 훌륭한 커뮤니케이션을 위한 4단계 원칙을 만들었다.

첫째, 솔직하게 표현하여 숨기는 것이 없는 사람이라는 첫인상을 준다openness. 사람들은 비밀이 많은 사람을 경계하고 개방적이고 솔직한 사람을 좋아한다like. 둘째, 메시지에 나의 성실함이 느껴지도록 한다sincerity. 메시지 내용이 상대방 입장에서 친절함과 자상한 배려심이 느껴지도록 한다. 대충 건성으로 표현하면 상대방은 나를 신뢰하지 않는다. 상대가 배려받는다고 느끼면 나를 믿게 된다believe. 셋째, 메시지 내용이 배울 가치가 있는 것으로서 유익하고 흥미로워야 한다informative. 그럴 때 상대는 나를 신뢰하게 된다trust. 역사적 지식과 소중한 경험을 공유하는 게 유용하다. 넷째, 이상 세 단계까지 잘해왔더라도 말만 번지르르하게 멋지게 하는 데 그치면 소용이 없다. 실제로 행동으로 보여주며 언행을 일치시키는 게 바람직하다a man of word. 사소한 약속이라도 철저히 실행한다면 상대방은 나에 대해 확신을 하게 된다have in confidence.

이러한 4단계를 성공적으로 실천하면 우리는 성공적인 인생을 영위할 수 있다고 믿는다.

영어로 4단계를 요약하면 아래와 같다.

> 1st. openness → like
> 2nd. sincerity → believe
> 3rd. informative → trust
> 4th. a man of word → have in confidence

내가 하고 싶은 말만 일방적으로 하는 커뮤니케이션은 공해다. 그런 의미에서 대부분의 정치가는 매일 우리 삶을 해치는 공해를 양산하는 셈이다. 그들의 말은 추상명사, 형용사, 부사를 과다하게 사용하고 있다. 좋은 커뮤니케이션은 추상명사, 형용사, 부사가 최대한 절제된 표현이다. 예를 들어 "빨리 오라"고 했을 때 말하는 사람과 듣는 사람의 '빨리'에 대한 기준이 달라 결과에 대해 오해와 다툼으로 이어질 수 있다.

커뮤니케이션에 관한 내 나름의 정리가 이 시대 리더들에게 작으나마 도움이 될 수 있으리라 믿는다. 이는 38년의 회사 생활, 특히 21년간의 임원 생활에서 터득하고 유용성을 확인한 것이기 때문이다.

사과하는 방법

잘못한 다음이 더 중요하다

인간은 누구나 실수하고 잘못을 범한다. 이러한 불완전성이야말로 인간의 본질일 것이다. 중요한 것은 잘못을 범하느냐의 여부가 아니라, 잘못한 후에 어떻게 행동하느냐이다. 이에 따라 그의 사람됨과 평판이 결정된다. 잘못한 후에 빠르고 적절히 사과하는 것이 매우 긴요하다.

우리는 사생활이나 회사 업무 중에 잘못을 저질러 사과해야 할 상황을 자주 맞이한다. 이때 사과를 잘하면 오히려 전화위복의 상황으로 반전시킬 수 있다. 하지만 어설프게 잘못 사과하면 상황을 더욱 어렵게 만들기도 한다.

사과의 원칙

나는 경험을 통해 내 나름의 '사과의 원칙'을 갖게 되었다.

① 사과의 메시지는 누가 누구에게 무엇을 잘못했는지 명확하게
   표현해야 한다. (정확한 상황 기술)
② 잘못을 빠르게 인정하라. 시간을 질질 끌지 말라. (책임 표명)
③ '하지만', '다만', '그러나' 등을 빼라. 변명처럼 들린다.
④ 수긍이 갈 수 있는 수준의 대책을 밝혀라.
⑤ 용서를 구하라. 후회를 표명하라.
⑥ 재발 방지 약속과 함께 대책을 빨리 실행하라.
⑦ 사과 후에도 가능한 한 구체적인 보상 계획을 구체화하고 진행
   상황을 널리 알려라.

예를 들어 내가 이끄는 조직에서 성추행 사건이 일어나 고발 접
수된 상황이라고 하자. 이때 조사를 해보니 전혀 나쁜 의도의 성추
행 행위가 아니어서 "서로를 아끼는 의미로 구성원들이 프리 허그를
하는 자연스러운 문화였다"는 식으로 사과한다면 사람들이 어떻게
받아들일까? 변명으로 일관하는 것처럼 들릴 것이다. 사과의 메시지

는 우선 상대방의 상태에 공감하고 진정성이 담겨야 한다. 그럴 때
만 사태를 수습할 수 있다.

리더를 위한
격언

내가 21년간 임원으로서 조직을 운영하면서 깨달은 사실 하나가 있다. '리더로서 부하 직원들이 자발적으로 따르도록 만드는 두 가지 길이 있는데, 승진이나 성과급과 같은 구체적인 이익을 주거나, 지적·도덕적·인간적 감동을 주는 것이다.'

이 모든 것들은 최원崔瑗이 「좌우명座右銘」으로 설파한 것 같다. 좌우명이란 말은 『문선文選』이라는 책에 처음 나오는데, 여기에 후한의 학자 최원의 「좌우명」이 실려 있다. 그는 젊은 시절 혈기에 넘쳐서 원수를 살해했으며 관아의 추적을 피해 유랑했다. 후에 사면을 받고 고향에 돌아왔다. 그는 자신의 잘못을 깊이 뉘우쳤으며 덕행을 기르고자 글 한 편을 지었다. 이것을 책상 머리맡에 두고는 경계를 게을리하지 않았다고 한다. 이 글을 좌우명이라고 한다. 이를 인용하면 다음과 같다.

無道人之短(무도인지단) 다른 사람의 단점을 말하지 말고
無說己之長(무설기지장) 자기의 나은 점을 이야기하지 말라.
施人愼勿念(시인신물념) 남에게 베푼 일을 삼가 기억하지 말며
受施愼勿忘(수시신물망) 베풂을 받았거든 부디 잊지 않도록 하라.

世譽不足慕(세예부족모) 세상의 칭찬을 탐하여 엿보지 말고
惟仁爲紀綱(유인위기강) 오직 어진 마음으로 기강으로 삼으라.
隱心而後動(은심이후동) 마음을 숨겨 뒤로 돌려서 행동하고
謗議庸何傷(방의용하상) 헐뜯고 책잡아도 떳떳하니 어찌 마음 상하겠는가.

無使名過實(무사명과실) 명분으로 하여금 본질에 지나치지 않도록 하고
守愚聖所藏(수우성소장) 어리석은 마음을 지켜 성인의 지위를 감추었다.
在涅貴不淄(재열귀불치) 진흙 속에 있어도 검게 물들지 않아야 귀하니
曖曖內含光(애애내함광) 희미하고 어두움 속에서도 광명을 품으라.

柔弱生之徒(유약생지도) 부드럽고 약한 무리는 살아 있는 것이니
老氏誡岡强(노씨계강강) 노자老子도 굳세고 강한 것을 경계하였다.
行行鄙夫介(행행비부개) 행동이 비루한 남자처럼 머물러 행함은
悠悠故難量(유유고난량) 근심하며 생각해도 이유를 짐작하기 어렵다.

愼言節飮食(신언절음식) 말을 삼가고 음식을 절제하여
知足勝不祥(지족승불상) 근본을 알고 상서롭지 못한 것을 이겨내라.
行之苟有恒(행지구유항) 진실로 갖추어 항상 행하여 가면
久久自芬芳(구구자분방) 오래되면 스스로 아름다운 덕행이 빛나리라.

좌우명 외에 내가 생활하고 일할 때 지침으로 삼는 위인들의 어록을 한번 정리해보았다.

무능한 자가 높은 자리를 차지하는 것보다 더 부도덕한 것은 없다.
-나폴레옹

지도자란 책임을 지는 사람이다.
- 생텍쥐페리 『어린 왕자』

대통령에게는 해결이 쉬운 문제는 결코 오지 않는다. 쉬운 문제들이라면 이미 다른 사람들이 해결했을 것이다.
- 아이젠하워

정치는 민심을 따르면 성공하고 민심을 거스르면 실패한다.
- 관자管子

신하들이 모두 입을 다물어도 여론은 쇳덩이를 녹인다.
- 안자晏子

아첨하는 신하를 중용하는 군주는 반드시 재앙을 만난다.
- 『삼략三略』

훌륭한 군주는 훌륭한 신하를 두기 마련이다.

- 이율곡

군주는 뿌리이고 신하는 가지와 잎이다. 뿌리가 나쁜데 가지와 잎이 무성할 수는 없다.

- 회남자淮南子

가장 높은 능률은 자유로운 국민의 자발적 협조에서 나온다.

- 우드로 윌슨

개인의 진정한 자유는 경제적 안정과 자립 없이는 불가능하다.

- 프랭클린 루스벨트

정부는 국민이 스스로 할 수 없는 일만 해야 한다.

- 로널드 레이건

정상배政商輩는 다음 선거를 생각하지만, 정치가는 다음 세대를 생각한다.

- 제임스 클라크

대세를 내다보는 자는 민심을 얻고 잔꾀를 부리는 자는 민심을 잃는다.

- 관자

경쟁심에서는 훌륭한 행동이, 자만심에서는 고상한 행동이 결코 나올 수 없다.

– 존 러스킨

선거는 도덕적으로 참혹한 일이며, 피만 흘리지 않았지 전쟁처럼 사악하다. 선거에 관여하는 자는 누구나 진흙탕에서 뒹구는 것이다.

– 버나드 쇼

악의 승리에 필요한 유일한 조건은 선한 사람들이 수수방관하는 것이다.

– 에드먼드 버크

VII

성공과 행복을
다시 생각하기

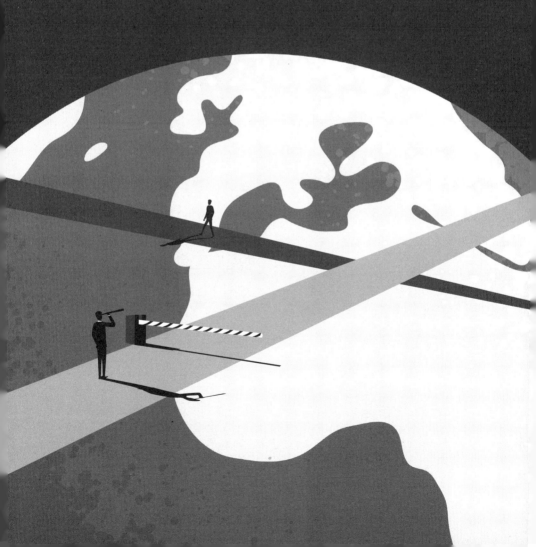

y=ax+b

나만의 인생 공식 만들기

"홍수에 가장 귀한 것이 물"이라는 속담이 있다. 풍요와 빈곤의 역설을 풍자적으로 지적한 말이다. 삶의 지침 역시 이와 마찬가지다. 우리는 인생에 대한 정의와 삶에 대한 촌철살인의 비유가 범람하는 세상을 산다. 하지만 정작 자기 삶에 대한 자신만의 명확한 명제를 갖고 살아가는 사람은 뜻밖에도 많지 않은 것 같다.

나는 평소에 문학·역사·철학을 포괄하는 인문학에 관심을 두고 많은 책을 읽고 있다. 하지만 그러한 책들을 읽으면 읽을수록 내가 모르는 것이 점점 더 많아지고 있다는 것을 깨달을 뿐이다.

내가 갈구해온 삶에 대한 현실적이고 시원한 지혜라 할 만한 메시지는 얻을 수가 없었다. 오히려 궁금증만 더해가는 것을 느끼고 있다.

그러나 무식하면 용감한 법이다. 어설프게 공부하고 경험한 것들을 바탕으로 삶에 대한 나만의 정의를 내렸다. 그것을 'y=ax+b'라는 수식으로 만들어보았다.

모든 것이 나에게 달렸다

$y=ax+b$

- y: 결과적 삶. 오늘 현재 나의 모습은 과거로부터 내가 보낸 시간들의 최종 결과이고 미래 어느 시점의 나의 모습은 지금부터 내가 보낼 시간들의 결과물이다.
- a: 내가 살아가면 취하는 자세와 태도, 일을 추진하는 데 적용하는 전략, 타고는 성격과 성품, 가치관, 세계관 등.
- x: 나의 노력. 얼마나 열심히 노력했느냐?
- b: 나의 의지와 무관하게 타고난 것. 태어날 때부터 존재한 나의 상황이나 조건들. 타고난 외모나 지능지수, 부모의 역량과 지원 등

"잘되면 내 탓, 잘못되면 조상 탓"이라는 옛말이 있다. 이 말처럼 불만족스러운 현재 자신의 모습을 'y=ax+b' 공식 중 낮은 b값이 원인이라고 생각하는 사람이 많다. 그 b값은 부모로부터 물려받은 것이다. 그러나 'y=ax+b' 공식에서 b값은 상수로서 변화시킬 수 없고 y값에 크게 영향을 주지 않는다. 특히 시간 개념을 적용하면 시간이 흐를수록 y값에 차지하는 b값의 비중이 작아진다.

수학적으로 y값에 큰 영향을 주는 것은 ax인데, 시간적 투입 노력인 x값은 모든 사람이 열심히 하기에 큰 차이가 없는 것이 현실이다. 과거에는 농땡이들 가운데 성실하게 열심히 하면 남다른 성과를 창출하고 경쟁에서 더 앞서 나갈 수 있었지만, 지금은 농땡이가 별로 존재하지 않고 대부분의 사람이 치열하게 성실히 노력하고 있다. 그래서 y값의 크기에 가장 결정적으로 작용하는 것은 a값이다. 이것은 그 사람의 자세와 태도, 성격과 가치관, 그리고 업무에 적용하는 생산성 높은 전략과 종합적인 지적 능력을 의미한다. 이런 것들은 스스로 노력하고 수련하고 연마해서 그 값을 올릴 수 있는 것들이다.

조상을 원망하고 환경을 탓할 시간에 자신의 능력과 가치관을 한 단계 업그레이드시키기 위해 노력하는 것이 자기 삶의 만족도를 높이고 자신의 가치를 높이는 최선의 길이다. 남 탓하지 말라! It's up to you!

마라톤처럼

무모한 도전

  늘 최선을 다하면서 살아간다는 건 치열한 경쟁 사회에서 생존 경쟁의 필수 사항이 되었다. 나는 마흔 나이를 넘어서면서 치열하게 사는 동안 건강이 훼손되어 가고 있음을 깨달았다. '아차' 하는 마음으로 동네 헬스클럽에 등록하고 아침 운동을 하기 시작했다. 하지만 치열하게 살아가는 시간에 그 결심이 묻혔다. 고작 일주일에 한두 차례 겨우 들르는 수준이었다. "가지도 않을 걸 왜 등록했느냐?"는 아내의 핀잔만 들어야 했다.

  '뭔가 반전의 계기가 있어야겠다'는 생각이 머리를 채웠다. 그러다 2005년 1월, 회사 동료들과 새해 각오를 공유하는 시간에 무모한 선언을 해버렸다. "나는 올해 내에 마라톤 풀코스를 완주하겠다"라는 말을 입 밖에 낸 것이다.

굳이 마라톤에 도전하고 싶은 생각은 아니었다. 그런 목표라도 있어야 헬스클럽에 한 번이라도 더 갈 것 같았기 때문이다. 처음에는 1킬로미터도 뛰기 힘들었다. 그래도 용기를 내어 훈련했고 그해 10월 23일 조선일보 주최 춘천 마라톤 풀코스 참가 신청을 했다. 나를 더욱 채근하기 위해서였다.

그러나 회사 업무가 가중되었다. 새벽에 출근했고 한국을 방문한 바이어들과의 식사 자리가 밤 10시 넘어서까지 이어졌다. 이런 일과를 마치고 나면 도저히 운동할 시간이 나지 않았다. 마라톤 출전 일자는 다가오고, 연습할 시간은 없고… 안타까운 시간만 무심히 흘러갔다. 그러던 어느 날, 나는 밤 10시 이후라도 연습을 하기로 결심했다. 강남에 있는 식당에서 해외 바이어와의 만찬이 10시경 끝나면 거기서 운동복으로 갈아입고 목동에 있는 우리 집까지 뛰었다. 한남대교 남단까지 가서 거기서 한강고수부지를 따라 목동 집까지 가면 약 23킬로미터가 된다.

집에 도착하면 12시가 좀 넘었다. 평일에 이렇게 10여 차례 혼자서 훈련하고 일요일에는 한강고수부지에서 30킬로미터를 뛰었다. 그러다 드디어 마라톤 대회 날이 다가왔다. 나는 출전 전날인 10월 22일 저녁에 강촌 엘레시안 콘도에 숙박했다. 훈련량이 부족한 것을 알기에 꼬리에 꼬리를 무는 걱정으로 잠을 이루지 못했다. '과연 내가 내일 완주할 수 있을까?'라는 근심으로 한잠도 못 잤다. 다음 날인 23일 아침에는 최악의 컨디션이 되었다. 나는 부실한 몸 상태로 춘천공설운동장에서 1만 2,000명의 무리 속에 섞여 출발 신호를 기다렸다.

이윽고 출발 신호가 떨어졌다. 나는 공설운동장을 빠져나오자마자 지쳤다. 어제 한잠도 못 잔 후유증으로 두 다리가 쇠사슬을 묶어놓은 것처럼 무겁게 느껴졌다. 도저히 더 뛸 수 없을 것 같았다. 그때 내가 새해 결심으로 마라톤 완주를 선언한 걸 알고 있는 수백 명의 얼굴이 하나씩 스쳐 지나갔다. 지금 포기하면 그들 앞에서 얼굴을 들 수 없을 것 같았다. 이를 악물고 뛰었다.

그때 내 앞에 매혹적인 몸매의 팔등신 미녀가 묶은 긴 머리를 찰랑거리며 경쾌하게 뛰는 모습이 보였다. 그녀를 계속 뒤따라가면서 뛰다 보니 10킬로미터, 20킬로미터 지점을 무난히 통과하였다. 30킬로미터 지점에 이르자 종아리에 쥐가 났다. 스트레칭을 하고 뛰면 금방 또 쥐가 났다. 그렇게 뛰다가 걷다가를 반복하면서 끝까지 나아갔다. 그 미녀도 여전히 내 앞에서 뛰고 있었다. 나는 4시간 10분 안에 골인했다. 모자를 쓰고 있어서 제대로 얼굴도 보지 못한 그 미녀 덕분에 완주할 수 있었다. 지금도 그녀가 매우 고맙게 느껴진다. 어디에서 잘살고 있는지 가끔 궁금하기도 하다.

그 뒤로 몇 차례 더 마라톤 풀코스를 완주했다. 마지막은

2011년이었다. 최악의 코스로 악명이 자자한 요르단 사해 마라톤에 참가했다. 5시간 만에 겨우 완주했는데, 마지막 5킬로미터는 걸어서 들어왔던 기억이 아직도 생생하다.

당시 요르단 사해 마라톤 대회는 LG전자가 10년째 후원하는 행사였다. 나는 2010년 대회 시상식에 참석했었다. 그때 함께 있던 거래선 관계자가 "시상만 하지 말고 직접 한번 출전해보라"라고 권유했다. 나는 별생각 없이 "내년 대회에 출전하겠다"고 덜컥 약속하고 말았다. 그 약속을 지키기 위해 무리해서 뛰었고, 저조한 성적으로 겨우 결승선만 통과한 것이다.

달리며 얻은 교훈

마라톤은 신비한 스포츠 종목으로 독특한 미덕을 가지고 있다. 첫째, 요행이나 운이 통하지 않는다. 순수한 자기 자신과의 싸움이며 그 누구도 탓할 수 없다. 불평등 요소가 없는 매우 평등한 경기다. 둘째, 역량과 의지력의 리트머스지와 같다. 충분한 훈련으로 역량을 기르고 완주하려는 의지력과 고통을 참아내는 인내력이 없으면 완주할 수 없다. 셋째, 그래서 아무나 할 수 있는 것이 아니다. 나를 타인과 차별화할 수 있는 경기다. 넷째, 건강에 좋다. 암을 치료하고 각종 성인병을 예방하는 최선의 방법이 달리는 것이라고 한다. 다섯째, 성취감이다. 인내 후 느끼는 쾌감이 있다. 이는 마약을 하면서 느끼는 쾌감과는 본질적으로 다르다. 아련히 저 깊은 심연에서 솟아나는 성취감을 'runner's high'라고 부른다.

나는 이러한 마라톤의 다섯 가지 미덕 외에도 소중한 삶의 교훈을 얻었다. 인간은 정신적 자세와 상태에 크게 지배받는다는 점이다. 마라톤에 처음 도전한 날, 지난밤에 자지 못해서 1킬로미터조차 힘겨워하면서 포기하려 했었다. 하지만 그 순간 눈앞에 나타난 미녀는 나에게 설명할 수 없는 어떤 새로운 정신 자세를 가져다주었다. '여자도 뛰는데 남자인 내가 여기서 포기할 순 없지!', '아름다운 미녀와 42킬로미터를 나란히 함께 뛰는 경험은 소중한 거야!', '미녀와 함께 결승선에 들어오는 장면이 사진 찍히면 멋지지 않을까?' 등의 생각이 나로 하여금 고통을 잊고 완주하게 만든 것 같다.

운동 경기에서 응원의 힘이 바로 이런 것 아닐까? 2002년 월드컵에서 한국이 4강에 올라갈 수 있었던 것도 전 국민의 진심 어린 응원의 힘 덕분이었던 것 같다. 같은 능력의 소유자라 할지라도 정신적인 격려와 응원을 받는 사람이 훨씬 더 높은 성과를 창출할 수 있음도 마라톤을 통해 직접 체험했다. "칭찬은 고래도 춤추게 한다"는 말속의 놀라운 비밀을 경험으로 터득하게 된 것이다.

행복이란
무엇인가?

사랑에서 비롯되는 행복

40세 때 처음으로 결혼식 주례석에 섰다. 그 후 4번 더 결혼식 주례를 맡았다. 그때마다 행복을 이야기했었다. "결혼을 왜 하느냐? 행복하려고 하는 것이다. 그렇다면 행복이란 무엇인가…?" 주례 때가 아니더라도, 회사 생활을 하면서 처음 만나는 조직 구성원들을 대상으로 소위 '행복론' 주제의 강의를 하곤 했다.

행복에 대한 정의定義는 차고 넘친다. 이제 식상할 정도다. 내가 굳이 덧붙이지 않는 게 더 행복할 것이다. 인생은 명확히 정의해야 좋은 것들과 막연한 공감 수준으로 이해하고 넘어가도 좋은 것들로 구성되어 있다고 보면, 행복에 대한 정의를 명확히 하지 않아도 좋은 것에 속할 것이다.

"우리는 언제 행복하다고 느끼는가?"라는 질문에 대한 백만 가지 종류의 답들을 종합해보면 아마 '사랑할 때'라고 요약할 수 있을 것이다. 사랑하는 것은 능동적인 행위이고 이때 느끼는 감정은 적극적인 의미에서의 행복이다. 그런데 수동적으로 누군가로부터 사랑을 받는 것은 소극적인 의미에서의 행복이다. 기쁘고 기분 좋은 상태의 감정이다.

인기 연예인을 좋아하는 팬은 그 연예인에게 선물과 편지를 보내고 공연 현장에서는 눈물을 흘리면서 행복해한다. 그러나 열렬한 팬들의 사랑을 받는 그 연예인은 그 정도로 행복해하지는 않는다. 자녀를 사랑하는 부모는 행복하지만, 부모의 사랑을 받는 자녀는 그만큼 행복하지 않다. 오히려 귀찮아할 때도 있다.

그렇다면 우리는 언제 '사랑'을 하게 될까? 사랑하는 데 조건이 있을까? 나의 답은 '있다'이다. 인간은 무언가를 깊이 알고 이해할 때 그 무언가를 사랑할 가능성이 커진다. 모르는 것을 사랑할 수는 없다.

아기를 가장 사랑하는 사람은 그 아기를 가장 잘 아는 엄마이다. 멜로 드라마를 보면 대개 남녀 주인공이 처음에는 티격태격 다툰다. 그러다 차츰 상대를 알아가면서 사랑하게 되는 줄거리가 많다. 사람들이 고향을 사랑하는 이유는 고향의 경치가 좋거나 교통이 편리해서가 아니다. 그 어느 지역보다 자기 고향을 깊이 알기 때문이다. 많은 사람이 자신이 사는 동네를 좋아하는 이유도 마찬가지다. 그래서 아파트 평수를 넓혀 이사해도 현재 사는 동네를 벗어나지 않는 경우가 많다.

많이, 깊이 행복해지는 법

많이 행복하려면 많은 대상을 사랑하고 깊이 행복하려면 대상을 깊이 사랑하면 된다. 대상을 알려면 대상을 공부해야 한다. 아기를 가장 잘 아는 사람이 아기 엄마인 이유는 그 엄마가 아기에 대해서 가장 많이 공부하기 때문이다. 말을 하지 못하는 갓난아기의 표정과 몸 움직임을 보고 아기가 원하는 것을 알고 아기의 상태를 이해하는 사람이 엄마이다.

대상을 공부하려면 호기심이 있어야 한다. 호기심과 관심이 없으면 대상을 공부하지 않는다. 이상의 단계를 거꾸로 정리하면, 대상에 대해서 호기심이 있으면 그 대상을 공부하여 그 대상을 알게 된다. 그러면 사랑을 하게 되고 사랑을 하면 나 자신이 행복해진다.

조선 시대 문인 유한준은 "知則爲眞愛 愛則爲眞看 看則畜之而非徒畜也(지즉위진애 애즉위진간 간즉축지이비도축야)"라고 썼다. 풀이하자면 "알면 사랑하게 되고, 사랑하면 참으로 보게 되고, 볼 줄 알게 되면 모으게 되니, 그것은 한갓 모으는 것은 아니다"라는 뜻이다. 그렇다. 한 대상을 깊이 알면 진정한 관심과 애정이 생긴다. 그때 행복감이 커진다. 안목이 자라고 기회가 자연스럽게 눈에 들어온다.

행복한 직장 생활의 비밀

사랑과 행복의 원리를 회사 업무에도 적용할 수 있다. 자신이 몸담은 회사 전반에 대해 항상 충만한 호기심을 갖고 관찰하고 회사의 현황과 전략, 비전에 대해 공부하여 깊이 이해하게 되면 엄마가 아기를 사랑하듯 회사를 사랑하게 된다. 그러면 나 자신이 그만큼 행복해지고 그 과정에서 필연적으로 업무 성과도 탁월해진다. 그리고 이에 상응하는 보상을 받게 되어 더욱 행복한 직장 생활을 하게 된다. 그래서 나는 채용 면접 때 지원자들의 호기심 수준을 파악하려고 노력해왔다. 호기심이 충만한 인재를 채용하면 그들은 기대에 부응하여 입사 후 탁월한 성과를 창출하는 것을 직접 경험하였다.

인간의 행복감에 관여하는 호르몬이 네 가지 있다고 한다. 도파민, 세로토닌, 엔도르핀, 옥시토신이 그것들이다. 의자 모서리에 부딪혀서 아프다가 서서히 고통이 사라지는 건 엔도르핀 덕분이다. 인간이 장기 목표를 수립하고 달성하기 위해 노력하도록 만드는 것은 도파민 호르몬이다. 따뜻한 햇볕을 쬐거나 숲속을 거닐 때 느끼는 만족감은 세로토닌 호르몬의 작용이다. 이것이 부족하면 우울증에 걸리기 쉽다. 자녀를 낳고 기르는 것이 힘들어도 한없는 사랑이 충만해지고 모유를 수유하면서 행복감을 느끼는 것은 옥시토신 호르몬이 관여하기 때문이다. 옥시토신은 희생과 부담을 계산하지 않게 만든다.

나는 38년간 직장 생활을 통해 도전적이고 새로운 문제를 해결할 때 행복감을 느꼈었다. 돌이켜보면 38년 어느 한 해도 도전적이지 않았던 때가 없었고 어느 한 해도 문제가 없었던 적은 없었던 것 같다.

1989년 소련이 무너지고 동유럽이 개방될 때 나는 그 현장에 있었다. 시장 경제를 동유럽 시장에 가장 먼저 도입하느라 까만 밤을 하얗게 지새우기를 밥 먹듯 했다. 2006년 두바이가 세계의 뉴스 센터로 주목을 받을 때 두바이에 주재했다. 그 당시 중동 22개국과 아프리카 56개국을 총괄 지휘하는 과업은 신천지 개척과 같은 도전이었다. 2015년 인도가 세계적인 관심을 끌 때, 인도에서 4년 반을 근무하며 LG 브랜드 위상을 한 단계 높이면서 중장기 성장 기반을 갖추는 업무도 흥미진진한 도전이었다. 이 도전은 내 행복의 원천이었다.

행복지수가
낮은 한국인

개인주의와 집단주의

여러 기관이 나라별 행복지수 같은 것을 발표한다. 조금씩 차이가 있긴 하지만 대체로 북유럽과 북미의 행복도가 높고 한국과 일본의 행복도가 낮은 편이다. 이런 결과에 대해 심리학자들은 개인주의 문화와 집단주의 문화의 차이라는 분석을 내놓는다. 합리적 개인주의는 다른 개인의 자유와 개성에 대한 배려를 중시한다. 그러나 집단주의 사회에서는 서열주의와 상명하복, 갑을 관계 등이 작용한다. 이는 억압과 경쟁심을 높인다. 이것이 불행의 원천으로 작용하기 쉽다는 것이다.

행복이란 뇌에서 느끼는 쾌감인데, 돈보다는 인간관계에 의해 큰 영향을 받는다고 한다. 오랜 진화 과정에서 동료 인간들이 생존과 번식에 가장 중요한 자원이었다. 그러므로 인간은 사실 뼛속까지 사회적인 동물이다. 그런데 이 인간관계가 위계에 의한 억압이 되면 스트레스를 불러오고 협력과 배려가 되면 큰 행복감을 느낄 수 있다.

또한 행복에는 기쁨의 강도보다는 빈도가 더 중요하다. 아무리 대단한 성취나 환희라도 시간이 지나면 익숙해지고 무덤덤해진다. 멋진 사냥을 했다고 동굴 속에서 뒹굴며 마냥 기뻐하고만 있다가는 곧 굶어 죽기 십상이다. 큰 것 한 방보다는 자잘한 즐거움이 끊이지 않는 것이 더 요긴한 것이다. 요즘 신세대를 중심으로 다양하고 빈번한 '소확행'을 추구하는 세태가 빚어진 것도 이런 관점에서 보면 자연스럽다.

북미나 유럽의 개인주의 문화가 행복감을 높여주는 이유는 타인에 대한 관심과 신뢰, 그리고 다양한 재능에 대한 존중에서 찾을 수 있다. 그들은 집단주의 압력에 짓눌리지 않고 살아간다. 서열 의식이 약하고 각자 자기 잘난 맛에 산다. 그리고 서로가 그것을 존중해준다.

여가와 취미

내가 유럽에 8년간 살면서 만난 이웃들의 삶에서 유럽인들의 삶의 목적이 우리와 확연히 다름을 발견했다. 독일에 근무할 때 매일 회사 사무실을 청소하는 60대 초반의 청소부 부부가 있었다. 이들이 어느 날 한 달간 여름휴가를 떠나면서 딸과 사위가 그동안 청소를 대신 해줄 것이라고 말했다. 내가 어디로 휴가를 가느냐고 물었다. 그냥 공항에 가서 갑자기 예약 취소로 생긴 빈자리 항공권을 정상 요금의 1/3 금액으로 구매한 후에 그곳으로 가서 한 달간 푹 쉬고 올 계획이라고 답했다.

그들은 1·2·3월 3개월간 모은 돈으로 4월에 부활절 휴가를 1~2주 가고 5·6·7월 3개월 번 돈으로 8월 한 달간 휴가를 즐기고 9·10·11월 저축으로 12월 크리스마스 휴가를 만끽한다. 퇴직 후 연금 제도가 잘 발달해서 노후 걱정을 하지 않기에 평소에 저축할 필요가 없다.

독일에 부임하여 첫 월급을 받고 며칠 뒤 은행에 가서 급여 일부를 저축하겠다고 했다. 그런데 은행 직원이 내 말이 무슨 뜻인지 잘 모르겠다고 어리둥절하며 자기 은행에는 적금과 같은 저축 상품이 아예 없다고 했다. 은행이란 저축을 하는 금융기관이 아니고 돈을 빌려주거나 수수료를 받고 돈을 관리해주는 곳이라는 설명을 덧붙였다.

유럽의 은행은 고객이 저축하면 이자를 주지 않고 계좌 관리비를 연 2회에 받는다. 그래서 당시 한국인 주재원들은 은행에 돈을 예치하는 것을 주차비를 내고 차를 주차하는 것에 비유했다. 주차비가 싼 주차장을 찾듯 관리비가 싼 은행을 찾아다녔다. 유럽은 오늘 좀 고생하더라도 미래를 위해 절약하여 저축하는 우리와 근본적으로 문화가 다른 곳이었다.

독일 주재원 생활 2년 후 초대 비엔나 지사장으로 이동 발령을 받고 오스트리아로 갔다. 그곳에서 태어나 처음으로 스키를 배웠다. 스키 학교에 입학하여 1주일 과정을 배우는 게 정식 코스였다. 하지만 나는 그럴 시간적 여유가 없었다. 1주일 과정을 하루에 압축해서 배우는 특별 개인 교습을 유격 훈련식으로 받았다. 그다음 날 몸살로 종일 누워 있었던 기억이 아직도 생생하다.

오스트리아 갓난아기들은 걸음마보다 스키를 먼저 배운다는 말이 있다. 그들에게 스키는 취미가 아니라 삶의 필수 항목이었다. 그래서 그 지역 사람들은 30대 중반의 성인이 스키를 배우는 모습을 매우 신기한 듯이 바라보았고, 나는 창피한 마음을 느껴야 했다.

오스트리아 초대 지사장 1년 만에 후임자에게 자리를 넘겨주고 새로운 인사 명령을 받았다. 동구권 10개국을 총괄하는 동구 지사를 헝가리의 수도 부다페스트에 설립하는 막중한 임무였다. 나는 비엔나 지사 설립 때처럼 맨바닥에서 처음부터 하나하나 절차를 밟았다. 한국 업체로서는 최초의 동구권 진출을 성공시켰고, 신문 기사의 주인공이 되기도 했다. 당시 헝가리는 공산 국가로서 경제적으로 가난했지만, 그들의 삶의 질은 조금도 떨어지지 않았다. 오히려 부럽게 느껴질 정도였다. 거의 모든 가구가 교외에 주말 별장을 소유했었는데, 주말에는 거기서 목가적인 휴식을 취하고 다양한 취미 활동을 적극적으로 하고 있었다.

그 무렵 우리 회사에 근무하던 벨레니에시라는 남자 직원의 집을 방문한 적이 있다. 집 안 장식이 아름답고 고급스러웠다. 그는 중세 시대 지중해를 항해하던 범선 모형 만들기가 취미였다. 1주일에 1대씩 조립하고 있다는 그는 중세 항해 일지를 고문서 판매 서점에서 사서 이를 연구하면서 만든 범선 수십 척을 거실 장식장에 멋지게 전시해놓았었다. 마치 범선 박물관에 온 듯한 기분이 들었다.

헝가리 주재원 임기를 마치고 귀국 명령을 받았다. 떠나기 전 한 달간 매일 각종 송별 파티에 초청을 받고 융숭한 대접을 받았다. 어느 주말에는 회사 차량을 운전하면서 각종 총무 업무를 수행하던 가보르라는 착한 헝가리인 직원이 송별 선물로 자기가 직접 조종하는 경비행기를 태워주겠다고 했다. 나는 그가 조종하는 비행기를 타고 부다페스트 항공을 한 시간 비행했다. 말단 운전기사가 파일럿 자격을 취득하여 취미 생활로 경비행기를 타고 있었던 것이다. 한국인 중 취미로 비행기를 조종하는 파일럿 자격증 소유자가 몇이나 될까?

성공만 좇는 한국인

독일, 오스트리아, 헝가리를 거치며 주재원 생활을 하면서 유럽인들의 삶을 직접 부닥치며 겪고 조금은 깊이 들여다볼 기회가 있었다. 늘 치열하게 경쟁하면서, '빨리빨리'를 입에 달고 항상 뭔가에 쫓기듯 달리며, 아끼고 희생하고 참고 견디는 삶에 익숙한 우리나라 사람들의 삶과 자연스럽게 비교하게 되었다. 지금도 가끔 '어떤 삶이 좋은 삶일까?', '행복한 삶은 어떤 것일까?' 하고 생각해본다.

삶에는 좋은 삶, 훌륭한 삶, 행복한 삶, 성공한 삶, 네 가지 종류가 있는 것 같다. 그런데 우리는 한쪽으로 쏠려 성공한 삶만을 추구해온 것이 아닐까? 우리가 살면서 겪는 갈등과 다툼은 욕망의 방향과 크기가 같을 때 발생한다. 입시와 취직 그리고 강남 아파트 같은 성공만 좇는 삶에서는 독일, 오스트리아, 헝가리에서 경험한 여유로운 휴가와 다양한 취미 같은 것은 찾아보기 어렵다. 그래서 세계 10위권의 경제 대국으로서 부자 나라인 대한민국에 사는 국민의 행복지수는 가난한 나라의 국민보다 낮은 것 같다.

행복을
방해하는 것들

자기 내면에서 비롯된 고통

치열한 경쟁을 수반하는 자유 시장 경제 체제에서 행복을 방해하는 요인들은 무엇일까? 그것들은 어떻게 작용할까? 나는 스트레스, 걱정, 두려움, 겁 등의 단어를 떠올려본다.

의식주가 해결된다고 행복에 대한 필요충분조건이 다 갖춰지지는 않는다. 나는 인간이 불행하다고 느끼는 근본적인 원인 요소는 자기 자신의 인식에 있다는 것을 살아오면서 체험적으로 터득했다. 인간이 살면서 겪는 갈등과 불만은 모든 인간이 범하는 원죄 중 하나에서 비롯되는 것 같다. 그것은 세계를 오직 자신의 관점에서 바라보고 평가하면서 객관적이라고 믿는 착각이다.

객관적인 분석을 거쳤다고 말하지만, 이는 사실은 자신의 인생 경험을 특정 문제에 적용하여 표현한 것에 지나지 않는다. 특정한 주장을 유지하기 위해 사실과 관점들을 선택적으로 취하는 것이다. 보통의 인간은 이렇게 비합리적이다. 그리고 이런 속성은 잘 변하지 않는다.

스트레스, 걱정, 두려움, 겁

이러한 인간의 본성 때문에 인간은 고통을 겪는다. 그것은 몇 가지 모습으로 나타나 행복을 방해한다.

첫째, 스트레스다. 최선을 다하지 않아서 결과가 좋지 않을 때 여한으로 생기는 심리적 상태를 스트레스라 할 수 있다. 최선을 다했는데도 결과가 나쁠 때 타임머신을 타고 과거로 돌아가더라도 더는 잘할 수 없었을 것이라는 판단이 들면 운명으로 받아들이게 된다. 이때는 스트레스를 받지 않는다.

둘째, 걱정이다. 이것은 무엇인가를 하기는 귀찮고 가만히 앉아 있자니 마음이 찝찝할 때 생기는 감정이다. 게으른 사람이 걱정이 많은 편이다. 걱정할 시간에 해야 할 일을 하는 게 걱정에서 벗어나는 길이다.

셋째, 두려움이다. 어떤 일을 하는 데 필요한 지식이나 경험이 부족할 때 샘솟는 본능적 감정이라 할 수 있다. 그 일과 관련된 공부를 하면 두려움이 줄어든다. 그리고 사전 연습을 하면 두려움에서 벗어날 수 있다.

넷째, 겁이다. 실패를 예감하는 위축된 자의식이 겁이다. 물론 선천적으로 겁이 많은 사람이 있다. 겁을 이기기 위해서는 의도적으로 실패해도 좋다는 생각으로 도전하는 노력이 필요하다.

행복한 사람들은 이와는 다르다. 나는 행복해 보이는 사람들을 관찰하면서 그들을 관통하는 공통점을 발견했고 이것을 여섯 가지로 정리해보았다. 첫째, 그들은 즐겁게 일할 수 있는 건강을 갖추었다. 둘째, 기본적인 생활을 충족시킬 만한 경제적 여유가 있다. 셋째, 어려움을 극복하겠다는 의지에 불탄다. 넷째, 좋은 결과가 나올 때까지 노력하는 인내력이 강하다. 다섯째, 이웃을 돕는 자비심이 있다. 여섯째, 장래에 대한 불안을 이겨낼 만한 희망이 가득하다.

그러고 보면 행복하기는 아주 쉽다. 내가 가진 걸 사랑하면 된다.

할 일은 많은데
하기가 싫다면

지식의 차이가 아니라 실행의 차이

인터넷의 발달이 가져다준 여러 가지 변화 중에서 가장 큰 것은 정보의 대중화가 아닐까 생각한다. 또 인터넷은 지식의 표준화와 대중화에도 크게 이바지하고 있다. 예전에는 제한된 소수의 사람이 독점하던 정보를 순식간에 모든 사람이 알게 되었다. 또한 학습방법과 환경에 따라 차이가 나던 지식 내용이 표준화되어 지식 자체의 차별화는 더는 없게 되었다.

유일한 차별화는 실행에 존재한다. 몰라서 못 하는 경우는 점점 사라져가고 있다. 알지만, 하기 싫어서 못 하는 것이다. 안 하는 것이다.

가진 것이라고는 별로 없는데 용감하게 해외 오지로 가서 성공한 사람들을 만나보면 '사람은 본질적으로 창의적이고 잠재력이 충만하며 성실한 전인적 능력을 갖추고 있다'라는 생각이 들곤 한다. 그들은 현지에서 뜻하지 않게 직면한 다양한 문제들에 대해 스스로 해답을 찾을 수 있었고, 선택할 수 있었고, 실행할 수 있는 의지와 체력을 갖추고 있었다. 또한 일이 뜻한 대로 안 될 때는 다른 방법을 찾을 수 있는 능력이 있었고, 더 나아가 학습 능력도 있었다.

산을 오르며 배우기

등산할 때 산 입구에서 정상을 올려다보면 '내가 어떻게 저곳까지 걸어서 올라가지?'라는 생각이 들고 갑자기 비라도 쏟아져서 이것을 핑계로 등산을 못 하게 되는 상황이 오기를 은근히 기대하기까지 한다. 그러나 일단 한 발 두 발 올라가다 보면 중간에 쉬면서 땀도 닦고 물도 마시면서 결국 나도 모르게 정상에 도착한 것을 확인하게 된다.

인생만사가 등산과 같다. 역량의 차이가 아니라 시작하는 용기의 차이가 인생의 차이인 것이다. 시작하기 전 귀찮다고 여기는 생각을 얼마나 빨리 극복하느냐가 인생의 성패를 가른다고 감히 말하고 싶다.

　뭘 해야 하는지 알고 할 일은 많은데 하기가 싫을 때 해결책은 무엇인가? 등산하면 된다. 등산하면서 실행하기 싫어하는 귀차니즘을 벗어나는 훈련을 하는 것이다.

그들이
인생 후반전에
성공한 까닭은?

끝날 때까지 끝난 게 아니다

KFC 창업자 커넬 샌더스는 1890년생이다. 2남 11녀의 장남으로 태어났는데, 6세 때 아버지가 사망하고 홀로 된 어머니가 일하러 다녔기 때문에 9세부터 음식을 만들어서 동생들에게 먹였다. 10세 때 농장에 취직하고 12세 때 어머니가 재가하였다. 초등학교를 졸업하고 직업군인이 되어 쿠바 전투에 참여했다. 제대 후 철도 노동자, 보험 설계사, 주유소 점원으로 일했다. 결혼도 하고 아들까지 낳았으나 대공황으로 40세에 빈털터리가 되었다.

주유소 귀퉁이에서 테이블 1개에 의자 6개인 식당을 오픈하여 배고픈 여행자들에게 음식을 팔았는데, 맛집으로 입소문이 나서 큰돈을 벌었다. 그 자금으로 모텔에 투자했으나 화재로 전소되고 말았다. 같은 장소에 더 큰 레스토랑을 개점했으나 건너편에 고속도로가 개통되면서 여행객이 급격히 줄어서 폐업했다. 아들마저 세상을 떠나고 아내로부터는 이혼당했다. 60세에 정신병원에 입원하였다.

5년 뒤 65세 되던 해 사회보장기금 105달러를 밑천으로 2년간 1,009번 퇴짜를 맞으며 닭고기 조리법을 팔러 다니다가 1,010번째로 옛 친구가 운영하는 식당에서 치킨 한 조각에 4센트를 받는 조건으로 계약을 체결하였다. 이것이 지금의 KFC가 시작된 유래이다. KFC는 현재 80여 개국에서 1만 3,000개의 점포를 운영하고 있다.

대기만성의 노익장들

조지 도슨은 98세에 글을 배우기 시작해서 101세 되던 해 『인생은 아름다워』라는 책을 출간하고 103세 때 죽었다. 그가 남긴 "인생이란 좋은 것이고 점점 더 나아지는 것이다"라는 말은 사람들에게 큰 격려와 용기를 주었다.

모건 프리먼은 30년간의 무명 시절과 알코올 중독, 이혼의 아픔을 딛고 58세에 오스카상을 받았다.

밀크 셰이크 믹서기 외판원이었던 레이 클록은 53세에 맥도날드를 창업하였다.

전직 우주비행사 존 글렌이 두 번의 실패를 딛고 상원의원이 된 것은 53세 때였다.

철물 세일즈맨이었던 킹 캠프 질레트는 48세에 일회용 면도기 질레트를 개발했다.

권투 선수 조지 포먼은 은퇴했다가 돌아와 45세 때에 다시 세계 복싱 헤비급 챔피언이 되었다.

이승만은 58세 때 33세의 프란체스카 여사와 결혼해서 73세 때 대한민국 초대 대통령이 되었다.

억만장자인 가드너 앤 컴퍼니의 크리스 가드너는 40세까지 단순직 노동자였다.

1퍼센트의 힘, 용기

이렇게 후반전에 성공한 사람들의 공통점은 용기다. 나는 그것을 1퍼센트의 힘 '용기'라고 정의한다. 하루 한 알의 비타민이 평생 건강을 지켜주듯, 일상에서 작은 도전을 멈추지 않고 계속 나아간다면 1퍼센트의 용기는 만들어진다. 물은 99도에서도 끓지 않아서 우리가 필요로 하는 에너지를 얻을 수 없다. 99도까지 올라간 상태에서 1퍼센트가 부족하여 물이 끓지 않으면 99도까지 올라가는 데 투입된 연료는 낭비되는 것이다.

보통 사람들은 아침에 출근할 때 '혹시 오늘은 좀 나아지려나…' 하고 기대를 품었다가 저녁 퇴근길에는 '역시 내 복에 무슨…' 하며 의기소침해진다. 상사가 심드렁한 것 같아서, 내가 나서지 않아도 누군가 할 것 같아서, 지금 맡은 일도 많은데 괜히 시간만 뺏길 것 같아서, 그냥 있어도 때 되면 월급이 나오는데 뭘… 하는 식으로 주저앉는다.

즉흥곡은 결코 즉흥적으로 만들어진 작품이 아니다. 영감은 노력하지 않는데 저절로 샘솟지 않으며 힘겨운 노력 끝에 생성되기 때문이다.

의심이나 변명을 잠재우고 소매를 걷어붙인 채 '불가능하다는 그 일'과 씨름할 때, 우리는 결국 해내게 된다. 걸핏하면 핑계를 대고 빠질거리는 사람과 주위에서 비웃더라도 턱을 들고 미소를 지으며 일을 찾아서 하는 사람의 미래는 확연히 다를 수밖에 없다.

많은 사람이 '그렇기 때문에because of'를 자주 사용하지만, 용기를 바탕으로 성공하는 사람들은 '그럼에도 불구하고in spite of'를 즐겨 사용한다.

인생은
3막으로 이루어진
멋진 연극 무대

부모와 자녀를 위해 살아온 시기

나는 은퇴를 결심하고 무엇을 하며 살아갈지에 대해서 깊이 생각해보았다. 하지만 구체적인 아이디가 나오지 않았다. 궁리 끝에 방법을 하나 찾았다. 늘 해왔듯이 처음으로 되돌아가서 지나온 길을 찬찬히 한번 복기해봄으로써 미래에 대한 방향을 나침반을 보듯 볼 수 있을 것 같았다. 그래서 지난 62년간의 내 삶의 발자취를 개관해보았다.

나의 삶은 크게 3단계로 구분할 수 있을 것 같다. 3막의 연극과 같다. 제1막은 부모의 기대에 부응한 30년으로서 부모의 사랑과

가르침에 순응하면서 자랑스러운 자녀가 되기 위해서 노력한 시기였다.

제2막은 결혼을 하고 자녀를 키워서 결혼시키기까지의 약 30년간의 시기로서 우리 부모가 나에게 했던 것처럼 자녀 양육이라는 인생 숙제를 하느라고 바쁘게 살아온 시간이었다.

즉 인생의 초반 3분의 1은 부모를 만족시키기 위해 노력한 시기였고, 중반 3분의 1은 자녀를 교육하기 위해 정신없이 보낸 시기였다. 내 인생의 2/3는 내가 주인공으로서 나를 위해 무엇을 주도적으로 한 기억이 별로 없이 그렇게 지나간 과거가 되었다.

3막을 시작하며

'인생 제3막으로서의 남은 3분의 1은 이제 나를 위해 무언가 좀 해봐야 하지 않을까?' 하고 생각했다. 그리고 무엇을 하는 게 나를 위한 시간이 될지 구체적인 실행 방안을 검토했다. 그러던 끝에 한국방송통신대학교 농학과 2학년에 편입하였다. 아내와 함께 등록했다. 그동안 아내와 함께하는 시간을 소홀히 여겼는데, 이 시간을 더 많이 갖기 위해서다. 이 글을 쓰는 지금 1년 넘게 농학을 공부하는 중이다. 한국방송통신대 공부는 결코 만만하지 않다. 하지만 20대 초반으로 돌아가서 전혀 새로운 분야인 농학을 공부하면서 모르는 것을 알아가는 재미가 쏠쏠하다.

농학을 공부하려고 결심한 배경은 이렇다. 인생 3막을 사는 데 있어서 가장 중요한 것이 건강과 즐거움인데 건강하게 먹기 위해서는 우리가 먹는 음식의 원료인 동물과 식물에 대한 약간의 학문적 지식이 필요할 것 같았고, 전원 생활을 하기 위해 마련한 시골 농가에서 나무와 꽃을 가꾸기 위해서도 최소한의 기초적인 식물학을 공부할 필요가 있다고 생각했다. 텃밭을 가꾸더라도 뭘 좀 알고 해야 의미가 있을 것 같았다. 우리가 여행하면서 다양한 나무들과 꽃들을 접하는데, 그 이름을 알고 생장 지역과 특징을 알면 그 여행이 조금 더 즐겁지 않겠는가?

그런데 1학년 과정을 건너뛰고 2학년에 편입하여 2학기를 공부해보니 기초 실력이 부족해서 버거웠다. 원래 부족하던 학습 능력이 나이가 들면서 더욱 떨어져서 진도를 따라가기 어려웠다. 앞으로의 학습 내용은 더 어려울 텐데 걱정이 많다. 농학과를 졸업한 다음에는 요리와 제빵 기술을 배우려고 한다. 가능하면 포도주 양조법도 익힐 계획이다. 그래서 우리 집을 찾아오는 손님들에게 내가 직접 요리한 음식과 빵 그리고 포도주를 대접하고 싶다. 특히 손자·손녀들에게 할아버지가 정성스럽게 만든 음식을 가끔 먹이고 싶다. 해외여행도 할 겸 아내와 함께 외국으로 떠나 거기서 몇 개월간 제빵 기술과 포도주 만드는 법을 공부하고 싶다.

이러한 상상만으로도 즐겁지 않은가? 이렇게 나는 나의 인생 3막을 즐겁게 살려는 부푼 꿈을 꾸면서 오늘도 행복한 하루를 보낸다. 코로나19로 원래 계획했던 여행을 하지 못해서 유감이지만, 그 대신 국내 10대 서원을 찾아가서 조상들의 선비 정신을 느끼는 시간을 가질 수 있어서 좋았다.

적자생존

기록하는 사람만이 살아남는다

메모의 중요성을 강조하는 익살스러운 말로 '적자생존(적는 자만 이 살아남는다)'이 있다. 최근 들어 이 말에 깊이 공감하게 되었다. 나이가 들면서 방금 들었던 정보도 기억이 나지 않아 애를 먹는 일이 늘었다. 자연스러운 노화 현상으로 여기지만 불편한 점이 크다. 그래서 메모하는 습관을 유지하고 있다.

그런데 곰곰이 생각해보면 나이 탓만은 아닌 것 같다. 인터넷 덕분에 모르는 것을 언제든지 쉽게 찾아볼 수 있게 되어 굳이 기억하려 애를 쓰거나 메모하는 수고를 하지 않아도 되기 때문에 스스로 기억력을 점점 감퇴시키고 있는지도 모르겠다.

지금 우리는 바야흐로 인공지능 시대를 살고 있다. 인공지능은 다름 아닌 데이터를 기반으로 삼는다. 데이터를 많이 확보한 자가 경쟁에서 승리하는 세상이 된 것이다. 인공지능 알파고가 세계 최고수 이세돌 9단과의 바둑 대결에서 이긴 것은 데이터 때문이었다. 이세돌이 경험한 것보다 훨씬 더 풍부한 바둑 기록을 분석한 알파고가 데이터 확보 면에서 이세돌을 앞섰다.

그런데 방대한 빅데이터도 한 개인의 작은 기록에서 시작한다. 잊어버리지 않기 위해 하는 개별 메모가 모여서 데이터가 되고 그 데이터의 양에 비례한 경쟁력이 생긴다.

인공지능이 지배하는 세상이 발전을 거듭하면 오늘날 우리가 당연히 사람의 일이라고 생각하던 일들을 인공지능이 대신하게 되어 일자리가 많이 사라질 것이다.

인공지능 시대의 생존 전략

인공지능은 먹지도 자지도 않는다. 다른 기계 장치보다 전기료와 냉각수 비용도 덜 든다. 매우 경제적이고 일 처리 속도가 빨라서 인간이 도저히 따라갈 수가 없다. 어쩌면 대통령 선거를 할 필요가 없을지도 모른다. 인공지능이 빅데이터를 분석하여 누가 당선될지 정확하게 예측해줄 수 있기 때문이다. 대통령 선거에 출마하는 후보자도 인공지능을 활용하여 최적의 선거 공약을 제시할 수 있을 것으로 보인다.

블록체인의 발전은 비트코인 같은 암호 화폐가 중앙은행 발권 실제 화폐보다 더 많이 활용되도록 만들 수 있다. 인감도장이 필요 없게 되고 인증하는 업무들도 사라질 것이다. 이와 관련된 수수료를 수익 원천으로 삼는 일자리도 사라질 것이다.

이러한 인공지능 시대에 도태되지 않고 살아남기 위해서는 개인별 데이터 관리를 잘해야 한다. 메모에서 시작하는 데이터 관리가 인공지능 활용도를 높여주고 삶의 질을 향상해주기 때문이다. 그렇지 않으면 영원히 사라지지 않는 개별 데이터를 보관하고 활용하는 인공지능의 노예가 될지도 모른다. 어쩌면 더 똑똑해진 인공지능의 공격으로 피해를 볼 수 있다. 메모하는 습관이 개인의 데이터 관리로 이어져서 인공지능의 노예가 아닌 인공지능의 주인으로서 살아가야 한다. '적자생존(적는 자만이 살아남는다)'은 인공지능 시대에도 유효한 격언이다.

성공과 행복에
관한 격언

성공의 기준

38년간 직장 생활을 회고하면서 '나는 인생에서 성공한 사람인가?'라는 질문을 스스로 던져보았다. 그런데 도대체 성공의 기준은 무엇일까?

예전에 함께 근무했던 부하 직원이 연말 정기 인사에서 임원으로 승진하여 축하 메일을 보냈다. 그랬더니 "대표님께서 강조하신 업무 수행 8원칙을 아직도 적용하고 있으며, 10여 년 전에 보내주신 랄프 왈도 에머슨의 「무엇이 성공인가?」라는 시를 다이어리를 바꿀 때마다 새로 기록해가며 마음에 새기고 있습니다"라는 답신을 보내왔다.

　성공의 기준에 정답이 있겠는가? 각자 나름대로 답안들을 갖고 있을 뿐이다. '나와 함께 일한 사람들이나 내가 어떤 방식으로든 도움을 준 사람 중에서 훌륭한 리더로 성공한 사람이 몇 명이나 될까?' 이것의 성공을 측정하는 한 가지 기준이 될 수 있지 않을까 하고 잠시 생각해본다. 랄프 왈도 에머슨의 글을 옮겨본다.

무엇이 성공인가?

자주 그리고 많이 웃는 것

현명한 이에게 존경을 받고

아이들에게서 사랑을 받는 것

정직한 비평가의 찬사를 듣고

친구의 배반을 참아내는 것

아름다움을 식별할 줄 알며

다른 사람에게서 최선의 것을 발견하는 것

건강한 아이를 낳든

한 뙈기의 정원을 가꾸든

사회 환경을 개선하든

자기가 태어나기 전보다

세상을 조금이라도 살기 좋은 곳으로

만들어놓고 떠나는 것

자신이 한때 이곳에 살았음으로 해서

단 한 사람의 인생이라도 행복해지는 것

이것이 진정한 성공이다.

행복을 위한 시간 쓰기

시간이야말로 모든 인간에게 주어진 가장 공평한 자원이 아닐까? 세계적 기업의 CEO에게나 실직자에게나 모두 똑같은 시간이 주어진다. 나는 인간이 시간을 사용하는 분야를 8가지로 분류하고 충실히 시간을 보내려고 노력한다. "Take time to"로 시작하는 세계적으로 유명한 글귀를 내 나름으로 구성해보았다.

Take time to think. It is the source of power.

Take time to play. It is the secret of perpetual youth.

Take time to read. It is the foundation of wisdom.

Take time to pray. It is the greatest power of earth.

Take time to love and be loved. It is God-given privilege.

Take time to be friendly. It is the road to happiness.

Take time to laugh. It is the music of the soul.

Take time to give. It is too short a day to be selfish.

생각하는 데 시간을 투자하라. 그것은 힘의 원천이다.

노는 데 시간을 투자하라. 그것은 끝없는 젊음의 비밀이다.

읽는 데 시간을 투자하라. 그것은 지혜의 기초이다.

기도하는 데 시간을 투자하라. 그것은 지상에서 가장 위대한 힘이다.

사랑하고 사랑받는 데 시간을 투자하라. 그것은 신이 준 특권이다.

친밀해지는 데 시간을 투자하라. 그것은 행복의 길이다.

웃는 데 시간을 투자하라. 그것은 영혼의 음악이다.

주는 데 시간을 투자하라. 이기적으로 살기에는 하루가 너무 짧다.

VIII

사랑하며
배우며

다르마를
거부하라

인도의 신들

힌두교도가 전체 인구의 80%인 인도인들이 믿는 신의 종류만 3억 3,000만 개라는 이야기가 있다. 하지만 어떤 신이든 브라만, 비슈누, 시바 3개 신에서 파생된 신이다. 브라만은 창조의 신이다. 삼라만상을 창조한 맏형 격인 신이지만 창조 외 다른 역할이 없으므로 상징적인 존재이다. 비슈누는 질서를 유지하는 신으로 인도인들이 가장 사랑한다. 시바는 파괴와 재생의 신이며 권위와 공포의 신이다.

비슈누는 10명의 아바타를 갖고 있는데 부처님, 즉 고타마 싯다르타도 그중 하나의 아바타이다. 그래서 인도인들은 힌두교를 믿으면 불교는 자동으로 믿는다고 생각한다. 영화 〈아바타〉도 바로 비슈누를 모티브로 삼아 제작되었다. 비슈누의 피부는 푸른색으로 영화와 같다.

카리스마의 신, 시바의 아들은 가네샤인데 머리가 코끼리 모양이다. 시바가 오랫동안 집을 비웠다가 돌아와 보니 없던 아이가 있었다. 그래서 시바의 아내 파르바티와 외간남자 사이에서 태어난 아이로 오해하고 시바가 들고 있던 삼지창으로 목을 쳐버렸다. 그러자 시바의 아내 파르바티가 마침 지나가던 코끼리 머리를 잘라서 가네샤 목에 얹었다고 한다. 그래서 가네샤는 코끼리 머리를 가진 신이 되었다. 그는 지혜의 신으로 대학 입학시험이나 공무원 시험 등 합격을 기원할 때 자주 등장한다. 공항 면세점이나 선물 가게에서 가장 흔하게 볼 수 있는 조각물의 모습이다.

시바, 파르바티, 가네샤 세 신이 나란히 있는 그림이나 조각품도 자주 눈에 띈다. 시바는 흰 소를 타고 다닌다. 그래서 인도인에게 흰 소가 특별히 신성시되고 있다.

카스트 제도

신화적 요소가 강한 힌두교는 카스트 제도와 밀접한 관련이 있다. 카스트 제도는 카스피해 근처에 살던 아리아인들이 인더스 강가에서 인더스 문명을 이루며 살던 드라비다족을 남쪽으로 밀어내면서 아리아인 중심의 통치를 위해 그 수단으로 만든 것이다.

전설 속의 큰 신이 있는데, 그 머리는 브라만, 팔은 크샤트리아, 허벅지는 바이샤, 발은 수드라라고 이름 붙였다. 그래서 브라만은 제사와 의례를 주관하고, 크샤트리아는 군사·행정·관리를 맡고, 바이샤는 농업과 상공업에 종사하고, 수드라는 이 3계급을 보필하도록 의무를 부여하였다. 브라만은 아리아인만이 될 수 있었다. 아리아라는 말의 뜻 자체가 '고귀한 자'로서 아리안 이외의 인간은 고귀하지 않다는 의미다.

카스트 4종성四種姓에 끼지도 못하는 부류는 '불가촉천민(달리트)'이라고 부른다. 달리트는 '억압받는 자'라는 뜻으로 개, 돼지, 닭과 같은 동물 취급을 받는다. 그들은 브라만이 식사하는 모습도 보면 안 되고 힌두 경전인 베다를 듣고 보고 읽는 게 금지된다. 죽을 때까지 속죄하는 게 그들의 숙명이다. 불가촉천민들의 유일한 평생 소원은 갠지스강에 재가 뿌려지는 것이다. 그래야 다음 생에 다른 카스트로 태어날 수 있다고 믿기 때문이다.

이러한 카스트 제도를 바탕으로 다르마와 카르마라는 독특한 용어가 이해될 수 있다. '다르마Dharma'는 인도 고대 언어인 산스크리트어로서 인간이 살아가면서 마땅히 실천해야 할 도리와 규범을 의미한다. 다르마와 비교되는 '카르마Karma'는 현세의 삶은 전생의 업業의 결과라는 의미로 우리말로는 '업보業報'라고 한다. 인도인들은 카르마에 따라 현생의 다르마가 결정지어졌다고 믿는다. 예를 들어 달리트들의 다르마는 더럽고 위험한 일만 하면서 동물 취급 받으면서 사는 것이다.

인도 여성의 다르마

달리트와 함께 탄생 자체가 저주인 존재가 '여자'이다. 힌두교에서는 여자를 오염 가능한 존재로 본다. 그 이유는 생리와 출산을 하기 때문이다. 인도에서 힌두 여성의 다르마는 평생 남편을 신으로 모시며 남편의 종속적 소유물처럼 살아가는 것이다. 생리 중인 여자는 밥도 못 짓게 하고 사원 출입도 금지한다. 같은 힌두교를 믿는 네팔은 한술 더 뜬다. '차우파디'라 부르는 악습이 있다. 생리 중인 여성을 헛간 등 불결한 장소에 격리하고 그곳에서 나오지 못하게 한다. 매년 수많은 사상자가 나오지만, 이 악습이 사라지지 않는다.

인도 여자들이 이마 중앙에 '빈디'라는 둥근 점을 찍고 다니는 모습을 흔히 볼 수 있다. 이는 결혼한 여자로서 남편에게 종속되어 있다는 표시다. 인도 여성에게 있어 최악의 의무는 다우어리 Dowry(결혼 지참금)이다. 딸을 둔 인도의 농부들이나 가난한 계층 사람들은 딸을 시집보낼 때 필요한 결혼 지참금을 마련하기 위해 평생 근검절약하여 저축한다. 그것으로 부족하면 사채를 빌려서 충당하고 죽을 때까지 갚는다.

카스트 제도가 도시에서는 자취를 감추고 있고 시골 농촌에서만 일부 남아 있지만, 결혼 지참금 제도는 여전히 인도인들의 삶에 그대로 남아 있다. 인도 근무 기간 중 내 차를 운전하던 산제이라는 운전기사는 딸이 둘이었다. 내가 가끔 선물이나 수고비를 주면 그는 그때마다 "딸의 혼수와 지참금으로 잘 쓰겠다"고 말하며 고개를 숙였다. 그의 머릿속에는 늘 어떻게 딸의 결혼 지참금을 마련할 것인가에 대한 걱정으로 가득 차 있었다. 하루는 내가 산제이의 사위 될 사람이 근무하는 직장에 찾아가서 "산제이의 경제 사정이 별로 좋지 않으니, 결혼 지참금을 받지 않거나 최소한만 받도록 하라"고 주제넘게 이야기를 한 적이 있다. 그러자 자신도 "결혼 지참금 제도가 잘못된 것임을 잘 알고 있으며 결혼할 여자에게 다우어리를 요구하지 않을 생각"이라고 했다. 하지만 "부모님과 삼촌, 사촌 등 친인척들이 구체적인 금액과 혼수 목록을 제시하며 신부 측에 요구하라고 압력을 넣어서 매우 골치 아프다"고 말하던 모습이 기억난다.

결혼 후 남편이 먼저 죽어서 과부가 된 여자의 삶은 생지옥 같다. 산송장 취급을 하며 불길한 존재로 여긴다. 힌두교에서는 남편이 죽으면 따라 죽는 것을 '사티'라고 부르며 아름다운 덕행으로 가르친다. 그래서 독약을 먹고 남편 시체를 화장하는 불구덩이로 뛰어든 여자의 이야기가 간혹 언론에 보도되기도 한다. 그러면 그 여자는 여신이 되고 그가 속한 가문과 마을은 대박이 터진 것처럼 환호한다. 이것이 여자의 다르마다.

나의 다르마는 무엇인가?

인도 불가촉천민과 여자의 다르마가 카스트 제도가 법적으로 금지되어 있음에도 불구하고 여전히 인도인들의 삶을 지배하는 이유가 있다. 힌두 대서사시 「라마야나」 내용에 등장인물마다 다르마가 명확히 정의되어 있다. 또한 인도인들의 생활 전체를 규정한다고 해도 과언이 아닌 마누 법전에 명백하게 달리트와 여자의 다르마에 대해 규정한다. 이들에게는 주어진 다르마를 충실하게 수행하여 다음 생애에 다른 카스트로 또는 남자로 태어나길 기도하는 것이 유일한 선택지다.

비합리적이고 반인류적인 다르마를 신앙처럼 믿고 실천하는 인도인들의 일상적 삶을 보면서 대한민국 국민으로서 한국에서 태어나 한국의 문화와 관습 속에서 인간적인 삶을 살아갈 수 있음에 늘 감사하고 있다.

그런데 내가 만약에 불가촉천민으로서 인도에서 태어났더라면 나의 다르마대로 살아가고 있을까? 나의 다르마는 무엇일까? 나는 나만의, 내가 스스로 만든 다르마를 갖고 살아가고 있는 건 아닌가?

무엇을 위해
무엇을 바라는가?

『심청전』의 주제는 효가 아니다

『심청전』을 모르는 한국인은 거의 없을 것이다. 그러나 『심청전』을 처음부터 끝까지 읽으며 그 숨은 뜻을 숙고해본 사람은 많지 않을 것이다. 그리고 『심청전』의 주제가 심청이 장님 아버지의 눈을 뜰 수 있도록 목숨을 바친 효孝라고 인식하고 있다. 과연 그 해석이 타당할까?

일단 문학 작품의 주제를 단정하는 것 자체가 잘못되었다. 그 작품을 대하는 독자들의 주관적인 느낌과 판단을 단 한 가지로 규정할 수 없기 때문이다. 설령 『심청전』의 주제를 단 하나로 압축한다 하더라도 '효'가 그 자리를 차지할 수 없다는 게 내 판단이다. 작가가 세상을 향해 이야기하고 싶었던 것은 따로 있었다고 본다.

뺑덕어멈과 정분이 났던 심학규(심청의 아버지)에게 가장 절실한 일은 뺑덕어멈과 더 많이 즐기는 것으로 보인다. 『심청전』에서 심학규와 뺑덕어멈 두 사람 간 대화 내용이 상당히 에로틱하다. 심학규는 뺑덕어멈의 희고 풍만한 젖가슴을 보고 싶어 미칠 지경이 된다. 그래서 심학규는 '어떻게 하면 눈을 뜰 수 있을까?', '정녕 방법이 없을까?' 등에 골몰하게 된다. 그러던 차에 공양미 300석을 시주하고 빌면 눈을 뜰 수 있다는 사기꾼의 말에 정신이 나간다. 그래서 딸 심청을 팔고 받은 300석을 시주하고 빌었지만, 눈을 뜨는 데 실패하고 좌절하게 된다.

인당수에 빠진 심청은 살아남았고 왕비가 되었다. 그리고 아버지를 찾기 위해 소경 잔치를 개최한다. 그런데 잔치 공고문 내용이 이상하다. "한때 소경이었다가 눈을 뜬 노인을 찾는다"는 게 아니라 "지금 소경인 노인들을 대상으로 잔치를 연다"는 것이다. 즉 심청은 아버지가 공양미 300석만 날리고 눈을 뜨지 못했으며, 심한 우울증에 걸려 있을 것이라 짐작했다. 작가는 의도적으로 이 부분을 남겨두었다.

소경 잔치에 참석한 심학규는 인당수에 몸을 던져 죽은 줄로만 알고 있던 심청의 손을 잡는 순간 회환悔恨의 눈물을 흘리지 않았을까. '아, 내가 뺑덕어멈과 쾌락을 즐기기 위해 딸까지 팔았고 공양미 300석만 날리는 사기를 당했는데, 천지신명이 도와서 내 딸이 이렇게 살아 있구나!' 하고 깊이 뉘우쳤을 것이다. 그리고 '하느님, 몹쓸 아비인 저를 당장 데려가도 좋으니 내 앞에 있는 내 딸 청이 얼굴 한 번만 보게 해주십시오!'라며 극도의 부성애가 담긴 기도를 했을 것이다. 그 순간 심 봉사의 눈이 번쩍 뜨였다.

남다르게 생각하기

이러한 『심청전』 내용 흐름을 보며 나는 색다른 결론을 내렸다. '자신의 사리사욕을 채우려 하는 일은 이루어지기 어렵고, 순수하고 지극한 사랑에서 비롯된 일은 기적처럼 이루어진다'는 것이다. 진정한 사랑에서 우러난 기도는 신이 들어준다고 본다.

지나간 직장 생활을 되돌아보며 성공한 일과 그렇지 못한 일들을 떠올리면 신기한 점이 하나 발견된다. 애사심에서 추진한 일들은 큰 난관이 있어도 의외로 잘 풀려나갔다. 그런데 나의 개인적 관심사를 이루려는 의도를 숨기며 추진한 일들은 그렇지 않았다. 확실히 성공이 예상된 일조차 예기치 않은 장애물이 나타나서 실패한 경험이 있다.

『심청전』의 주제를 새로운 각도에서 찾아가는 창조적 노력은 매우 의미 있었다. 주어진 물음에 대한 수동적인 답을 찾는다면 창의적 결과가 나오지 않는다. 이 시대가 원하는 결정적인 역량은 스스로 물음을 던지는 능력이다. 이로부터 진정한 차별화가 이루어진다.

한 사안을 볼 때는 정답부터 찾으려 덤비지 말고 수없이 다양한 관점이 존재함을 인식하는 게 바람직하다. 이것이 풍요로운 결과를 약속한다. 그리고 기존과 다른 새로운 각도에서 문제를 살펴보아야 한다. 이 모든 창조적 노력의 과정을 떠받치는 것은 스스로 질문을 던지는 힘이다. 보고 듣고 읽은 게 많아야 그런 질문을 할 수 있다.

신독愼獨

혼자 있는 시간

'신독愼獨'은 '혼자 있을 때 삼간다'는 뜻의 한자어이다. 『대학』에 나오는 성현의 가르침으로서 나를 지켜보는 사람이 없이 홀로 있을 때도 도리에 어긋나는 행동을 하지 않는다는 의미다.

요즈음 한가하게 혼자 있는 시간이 늘면서 왜 성현들이 신독을 강조했는지 어렴풋이 깨닫게 되었다. 율곡과 퇴계도 신독을 역설했다. 특히 율곡은 스스로 경계한다는 「자경문自警文」 네 번째 항목으로 신독을 특별히 강조했다. 수양이 깊었던 성현들조차도 혼자 있을 때 올바른 행동을 하기가 어려웠던 것일까? 개인적 의문을 가져보았다.

그러고 보면 교육에서 혼자 있는 상태는 이상적으로 받아들여지지 않았다. 2,500년 전 공자는 제자들로 하여금 무리를 지어 배우도록 했다. 플라톤도 아카데미아라는 교육장에서 제자들을 집합 교육했다. 조선 시대에는 집현전에서 학자들이 합숙하며 공부했다. 오늘날에도 대학교 강의실이나 도서관에서 수십 또는 수백 명의 학생이 동시에 공부한다. 학교 외에도 뜻이 맞는 사람들끼리 모여서 함께 공부하는 모임들이 활발하다. 혼자 공부하면 잡념이 생겨서 머리에 잘 들어오지 않는다는 이유다.

그런데 요즘은 인터넷의 급속한 발달로 오프라인상에서 모여 공부하기보다는 혼자서 유튜브를 활용해 학습하는 인구가 증가하고 있다.

사생활 보호의 이면

내가 어릴 때는 주거 공간이 협소했다. 3형제의 맏이인 나는 두 동생과 좁은 방에서 함께 공부하고 잠자는 생활을 해야 했다. 그래서 홀로 있는 시간이 별로 없었으며 사생활에 대한 인식도 거의 생기지 않았다. 요즘은 자녀 수가 적어서 가난한 가정에서도 아이들 방이 따로 있다. 각자 자기만의 방에서 사생활을 보호받으며 생활하고 있다.

그런데 이 사생활 보호의 본질이 무엇인지에 대해 신독의 관점에서 한번 생각해보자. 혼자 있을 때 도리에 어긋나는 행동을 하고 싶은, 즉 동물적 본능을 보호받고자 하는 욕망의 다른 표현이 사생활 보호 요구가 아닌가 하는 생각이 든다. 학창 시절 홀로 자취하는 친구들 방에 가보면 매우 지저분하고 정리가 안 되어 있었다. 심한 경우에는 방 전체가 쓰레기통처럼 느껴지기도 했다. 그런 방에서 아이들이 도리에 어긋나지 않는 절제된 행동을 하리라고는 기대하기 어렵다.

좀 나쁘게 해석하면 '나의 사생활에 간섭하지 말라'는 요구는 '나의 감각적 쾌락을 추구하고자 하는 욕망을 방해하지 말라'는 의미로 들리기도 한다. 프라이버시는 어쩌면 감각적 쾌락의 영역을 수호하려는 욕망의 다른 표현이 아닐까.

사람은 타인과 소통하면서 의식이 생기고 긍정적이고 능동적인 사유와 행동을 하게 된다. 혼자 있으면 대화가 부족해지며 언어 사용 기회가 적어서 어휘력이 감퇴한다. 또한 경쟁의식이 감소해서 게을러진다.

타인과의 대화나 교류 없이, 혼자서 강한 의지로 열심히 공부해서 어려운 시험에 합격하고 전문직이 된 사람이 있다. 그런데 그들 중 일부가 반사회적 행동을 보이는 사례들이 언론에 보도되곤 한다. 이것은 타인과의 소통 부족에 따른 것이라 본다. 긍정적이고 능동적이며 자율적인 사유와 행동의 결핍이 그 원인이라 할 수 있을 것이다.

코로나19 방역을 위해 사회적 거리 두기가 진행되고 있다. 이런 맥락에서 많은 오프라인 활동이 언택트와 온라인으로 대체되었다. 홀로 있는 시공간이 더욱 많아졌다. 신독愼獨이 그만큼 더 요구되는 시대를 살아가게 된 것이다.

트로트 열풍을
보며

평화로운 시대에 유행하는 비극

　트로트 열풍이 거세다. 거의 모든 TV 채널들이 트로트 경연 대회를 경쟁적으로 방송하고 있다. 그런데 갑자기 트로트 열풍이 불어닥친 이유가 궁금하다. 어느 시대 어느 지역에 특정 열풍이 불 때는 항상 그 배경이 있다. 그것은 그 시대의 어떤 조류와 연결된 것으로 보인다.

　군사독재 시절에는 코미디 프로그램이 큰 인기였다. 가난할 때는 영화 산업이 크게 성장했다. 1960~1970년대 한국이 그랬다. 또한 현재 인도와 나이지리아, 베트남 등은 전 세계에서 영화 산업이 급성장하는 국가들이다.

고대 그리스 시대에는 비극적 내용을 다룬 연극이 크게 인기였다. 〈오이디푸스〉, 〈엘렉트라〉, 〈메디아〉, 〈아가멤논〉 같은 연극들이 매일 원형 극장에서 공연되었다. 이때 그리스는 민주주의를 꽃피웠다. 그리스 국민은 비극을 주제로 한 연극을 보면서 개인의 성격적 결함이나 잘못된 선택에 의해 인간이 파멸에 이를 수 있음을 성찰했다.

어떤 경우에는 운명적으로 인간이 그러한 비극적 삶을 살 수 있음을 깨닫고 운명에 순응하는 삶을 살았던 건 아닌지 생각해보았다. 그 이후 권력을 거머쥔 자가 나타나서 공화정이나 왕정으로 국가가 운영될 때에는 비극을 다룬 연극이 사라졌다. 검투사들 간 목숨을 건 싸움이나 인간과 맹수 간 혈투를 지켜보는 잔인한 이벤트가 연극을 대체하였다.

그러다가 엘리자베스 1세가 다스리던 영국에서 비극을 다룬 연극이 인기를 회복했다. 셰익스피어는 「햄릿」, 「오셀로」, 「맥베스」, 「리어왕」이라는 4대 비극과 「로미오와 줄리엣」이라는 희곡을 썼고 수천 명 관객 앞에서 연극으로 공연했다. 이 당시 영국이 최전성기를 구가하고 있었음은 우연의 일치가 아니었을 것이다.

그리스와 영국에서 비극적 내용의 연극이 전 국민의 인기를 얻을 때 민주주의가 발전하고 국력이 번성하였음을 알 수 있다. 이것은 어떤 상관이 있을까? 인간은 비극을 다룬 연극을 보면서 자신의 부족함과 잘못을 반추해보고 그릇된 판단이 비극을 초래함을 배우는 게 아닌지 짐작하게 된다. 파국적 결말의 원인이 자기 자신에게 달려 있음을 깨닫고 스스로 겸손해지고 타인을 배려하게 되었으리라 짐작해본다. 그래서 사회는 민주적 평화가 유지되고 국력이 융성해졌던 게 아닐까?

한국판 르네상스를 기대하며

이러한 관점에서 오늘날 우리나라에 불고 있는 트로트 열풍을 어떻게 해석할 수 있을까? 과거에 대한 향수에서 비롯된 복고풍이 유행한다고 보면 될까? 문화·예술뿐만 아니라 산업 전반에 걸쳐 레트로 경향이 일어나고 있는 것도 사실이다.

코로나19 시국에서 이러한 레트로 현상이 나타나고 확산되는 것은 좋았던 과거로 돌아가고 싶은 사람들의 마음이 표현된 것이라고 볼 수 있겠다. 심지어 20~30대 젊은이들조차 트로트에 열광하는 것은 그들이 직면한 취업과 결혼 등과 관련한 현실적 답답함의 감정 표현은 아닐까?

르네상스도 결국 그리스 시대로 돌아가자는 복고풍으로 일종의 레트로 현상이었다. 르네상스 이후 인류사는 획기적 발전과 변화를 가져왔다. 오늘날 우리나라에 불고 있는 트로트 열풍이 한국의 획기적인 미래 발전을 가져다줄 르네상스 운동으로 이어지길 기대해본다. 코로나19로 집콕·방콕을 강요당하며 은둔의 시간을 보내고 있는 한국인에게 트로트는 사막의 오아시스인지도 모른다.

외로움, 인류 발전의 원동력

외로움에서 벗어나려는 몸부림

업무로 열정을 불사르던 38년 직장 생활 기간 중 외로움을 느낀 적이 없었다. 아마 그런 감정을 의식할 겨를도 없었을 것이다. 하지만 요즈음은 가끔 외롭다. 이 외로움을 어떻게 받아들이고 창조력으로 전환할 것인가가 개인적 관심사이다.

인류의 역사를 차분히 들여다보면, 인간이 원초적으로 타고난 외로움을 해결하는 과정이라고 해석할 수 있을 것 같다. 실존주의 철학자 쇠렌 키르케고르가 '죽음에 이르는 병'이라고 서술한 '자신에 대한 절망'도 그 본질은 인간이 느끼는 외로움이다. 전 세계에 존재하는 수많은 종류의 축제나 관혼상제 전통과 풍습도 그 본질은 외로움에서 벗어나고자 하는 인간들이 발버둥 쳐 만든 결과가 아니겠는가?

큰 외로움을 느끼는 사람들

우리 사회에는 다양한 계층의 사람들이 서로 어울려 살아간다. 그들 중 누가 더 크게 외로움을 느낄까? 사회적으로 가장 성공한 사람들이 가장 많이 외로움을 느끼는 것 같다. "함께 점심을 먹자"고 먼저 제안해오는 친구가 없는 사람이 CEO다. 늘 꽉 찬 일정의 CEO는 점심이나 저녁도 사업의 연장에서 화려하게 먹게 되지만, 이 시간에는 인간적인 대화를 주고받을 수 없기에 외로움을 느낄 수밖에 없다.

그들은 이해관계로 얽힌 주변의 많은 사람과 상호 의존적 관계를 맺지만, 동시에 인간적으로 단절되어 있다는 느낌도 받는다. 전직 대통령들의 회고록을 읽어보니 예외 없이 이러한 외로움에 대해 토로하고 있었다.

그들의 강한 자아와 높은 자신감은 그들을 성공으로 이끄는 데 도움이 되었지만, 동시에 불안감과 불확실성을 바탕으로 하는 외로움에 빠지도록 만들었다. 그들 주변에는 콩고물이라도 얻어먹으려는 사람들로 차고 넘치지만 진정한 우정을 나눌 친구는 별로 없다.

"현직에서 은퇴한다"는 말은 일하지 않는다는 뜻인데, 이것은 일하는 데 수반되는 다양한 종류의 제도가 주는 권한power이 사라짐을 의미한다. 즉 일은 권력인 것이다. 은퇴자는 권력이 없고 권력이 없는 자에겐 사람이 모여들지 않는다. 그래서 은퇴자는 외롭게 된다.

내가 요즈음 외로움을 느끼는 이유이다. 이 외로움을 극복하는 길은 다시 일을 하는 것일까?

건망증이란

애초에 기억하지 않았던 것

나이가 들면서 건망증이 심해진다. 혹시 치매의 초기 증상이 아닌가 하는 의심이 들 때도 종종 있다. 생활에 불편을 줄 정도로 심해지는 건망증을 해결하기 위해 그 원인에 대해서 고민했다. 그리고 내 나름대로 결론을 내려보았다. '건망증amnesia이란 기억한 것이 생각나지 않는 것이라기보다는 애초에 확실하게 기억하지 않았던 것이 아닐까?'라는 것이다.

나이가 들면서 건망증이 심해지는 이유도 이와 같은 맥락에서 파악했다. 우리는 어느 정도 나이가 들어서 경험을 쌓으면, 일에서든 일상생활에서든 무언가를 기억하려고 적극적으로 매달리지 않게 된다. 그것이 건망증을 불러오는 것이라 보았다.

기억하고자 하는 노력을 기울여야 할 새로운 것이 별로 없다고 느끼기 때문에 그럴 수 있다. 새롭게 무언가를 기억하기 위해서는 그 나름의 노력이 필요한데, 나이가 들고 늙으면 경험적으로 이미 다 알고 있다는 생각으로 그런 의욕이 감퇴하는 것 같다. 일부러 골치를 썩여가면서 새로운 것을 기억하지 않아도 과거의 경험을 바탕으로 판단하고 행동하면 대부분의 일을 처리할 수 있기 때문이다.

내비게이션 끄기

처음 운전할 때는 어느 초행길이든 다녀온 길은 잊지 않고 다음에 갈 때 제대로 찾아간다. 운전에 미숙하고 여유로움이 없으니 길을 잘 기억해두었다가 다음에 올 때는 그만큼 신경을 덜 쓰려는 심리 때문에 더 적극적으로 신선한 호기심을 갖고 기억하려 했던 것 같다.

그러나 운전에 익숙해지면서 대충 이정표만 보고 가면 되니 한 번 갔던 길도 다시 찾아가려면 기억이 잘 나지 않는 길이 더러 있었다. 이것은 나이를 먹고 경험에 의지해 대충 해도 일상을 처리할 수 있다는 안이하고 나태한 생각을 하게 되는 것과 같다.

내비게이션에 거의 전적으로 의지하는 요즘의 운전 습관은 이러한 건망증 증세를 심화시키는 것 같다. 나는 치매 예방 차원에서 가능하면 내비게이션 없이 운전하려고 노력 중이다.

코로나19
유감

14세기 피렌체의 젊은이들

내가 38년간 조직 생활을 마감하고 은퇴 생활을 시작한 2020년 한 해는 결과적으로 코로나19에 빼앗긴 시간이었다. 누군가에게 나의 소중한 것을 도둑맞은 듯 느껴졌다. 여행과 외출이 금지되다시피 하여 집 안을 맴돌아야 했던 그 시간이 지루하게 느껴졌다.

문득 과거 세계적 전염병이 퍼지던 절망적 시기의 기록이 궁금해졌다. 책을 한 권 펼쳤다. 『데카메론』. 서기 1348년, 치명적 흑사병Black death이 피렌체를 덮쳐서 10만 명이 사망했을 때 조반니 보카치오Giovanni Boccaccio가 이것을 배경으로 쓴 소설이다.

7명의 여자와 3명의 남자가 흑사병을 피해 피렌체 외곽의 빌라로 피신한다. 그리고 10명의 젊은이는 10일간 한 사람씩 돌아가면서 재담이나 에피소드를 펼친다. 소설 속에 또 다른 소설이 나오는 액자소설 구조의 이 작품에는 성과 관련된 노골적이며 음탕한 이야기들이 많이 등장한다. 그런데 이것을 인간의 본질적 욕망으로 인식하고 긍정적으로 묘사한 특징이 있다. 그리고 가톨릭교회의 부패와 무능을 꼬집으며 타락한 사제에 대한 신랄한 비판을 가한다. 비논리적인 기독교 교리에 대한 풍자도 보인다.

보카치오에게 묻고 싶은 것

『데카메론』은 '메멘토 모리Memento mori(죽음을 기억하라)'를 외치며 살아 있을 때 즐기자는 돌체dolce(부드럽고 달콤한)적 삶을 환기시키는 듯 느껴졌다. 그런데 코로나19 장기화의 와중에 왜 하필이면 흑사병과 보카치오의 『데카메론』이 떠올랐을까?

14세기 이탈리아 피렌체 사람들과 21세기 우리는 어떻게 다를까? 외롭지 않으려고 축제를 만들고 종교를 만들고 관혼상제를 만들고, 머물지 않는 즐거움을 찾아 여행하는 호모 사피엔스가 언제까지 집콕·방콕만 하며 살 수 있을까? 코로나19가 사라진 후 인간들은 코로나 이전 상태로 온전히 돌아갈까?

데카메론이 시작된 곳, 피렌체의 산타 마리아 노벨라 성당에 가서 보카치오의 영혼에게 한번 물어보고 싶다. 그도 말년엔 종교에 귀의했다고 한다.

교육에 대한
단상

주입식 교육을 받은 창의적 인재

38년간 마케팅과 영업 분야에서 일해온 나는 창의적인 광고물을 만들기 위해 광고 회사 관계자들과 함께 머리를 짜냈던 경험이 많다. 그들 중에 뚜렷이 기억나는 소수의 CDCreative Director도 있다. 그런데 그들은 특별히 남다른 교육을 받은 게 없었다. 보통의 한국인들처럼 요즘 비난의 대상인 주입식 교육을 받은 사람들이었다.

하지만 그들은 일찌감치 해외 유학을 가서 세계적으로 유명한 대학에서 창의적인 교육을 받은 사람들보다 더 창의력이 넘쳤다. 그들 중 한 사람은 영화감독으로 데뷔하여 1,000만 관객을 불러

모은 히트작을 만들기도 했다.

BTS가 자작곡으로 세계를 누비고 있는데, 그들은 명문 대학에서 교육을 받지 않았다. 영화 〈기생충〉의 봉준호 감독도 한국식 교육을 받았다.

다시 생각하는 교육

이런 현상을 보며 과연 교육이 어떤 의미가 있는지 생각을 가끔 하게 된다. 내가 만났던 웹툰 작가들은 대부분 정규교육의 틀에 갇혀 있지 않았다. 만화 작법, 드로잉, 일러스트레이션 등 기초 교육을 제외하고는 혼자 하는 습작, 많은 상상과 독서, 다양한 사람과의 만남과 대화에서 느낀 것을 작품으로 승화시켰다. 이것을 보고 감탄한 적이 많다.

코로나19 때문에 오프라인 교육이 거의 이루어지지 못하고 있다. 온라인 원격 수업으로 대체된 것이 많다. 온라인 교육이 오프라인 교육과 얼마나 다를지 궁금하다.

자녀들을 키워보면 똑같은 조건에서 똑같은 내용을 교육해도 그 교육 내용에 대한 호기심에 차이가 있고 같은 밥상에서 식사해도 식성은 판이하다. 인간의 모든 것은 타고나는 것인가?

세상이 바뀌고 있다. 코로나19는 변화에 속도를 더 붙였다. 이 거대한 변화의 와중에 우리 사회는 교육에 대해 다시 생각해야 할 것이다. 교육의 본질과 효과, 추구해야 할 가치부터 방법론에 이르기까지 전면적인 재검토가 필요하다.

인간성
회복의 길

인간성 상실의 지옥

반인류적 범죄가 사회면 뉴스를 채우는 일이 드물지 않다. 굳이 따지자면, 그렇지 않았던 적이 별로 없었다. 하지만 최근에는 유달리 심한 것 같다. 심지어는 외국 국가 지도자 중에도 비인간적이고 괴팍한 인물들이 눈에 띈다.

인간은 어떻게 인간다움을 회복하고 선한 존재가 될 수 있을까? 아우구스티누스는 『고백록』에 이렇게 썼다.

"인간은 산 정상에 올라 아름다운 광경에 넋을 잃고 풍랑이 이는 바다를 바라보면서 굽이굽이 흘러가는 강물을 바라보면서, 세상을 휘몰아치는 큰 대양을 바라보면서, 밤하늘을 가로지르는 별들의 운행을 바라보면서 넋을 잃지만, 정작 인간 스스로에 대해서는 진지하게 생각하지 않는다."

세계 여러 나라의 역사를 다룬 책을 읽노라면, 합리적으로 왕위를 승계한 군주가 과연 몇 퍼센트나 되는지 의문이 든다. 더 나아가 왕위에 오른 뒤 진심으로 백성을 위해 지혜롭게 통치를 한 왕이 몇 명이나 되는지 회의감이 든다. 우리를 비분강개하게 만드는 통치 행태가 대부분이다.

인간성 회복을 부르짖었던 르네상스 시대 대표 작가 단테는 『신곡』에서 카이사르와의 우정을 배신한 브루투스, 예수를 팔아넘긴 가롯 유다, 아들의 시신을 먹은 우골리노 백작 등을 지옥의 주인공들로 묘사하고 있다.

그리고 가고자 하나 갈 곳을 모르는 자들은 연옥에서 만날 수 있다고 한다. 현실에서 찾기 힘든 천국은 결국 '희망' 사항이다.

피렌체의 망명자들

욕망, 권력, 재물 욕심으로 가득 찬 인생의 방향을 틀어서 밤하늘의 별을 보던 순수한 동심으로 돌아갈 때 그 별은 우리의 희망으로 안착하게 될 것이다. 세상이 우리에게 내민 헛된 즐거움이 우리를 방황하게 만드는 현실 속에서 별을 바라보는 여유를 갖게 될 것이다.

인간성 회복 운동인 르네상스는 1453년 콘스탄티노플이 함락되자 비잔틴 제국의 그리스 철학자들이 유럽으로 망명하면서 시작되었다. 그 시기 피렌체가 대표적인 망명지였는데, 이때 학자들이 가지고 온 고대 문헌들을 메디치 가문의 후원으로 필사하여 유럽에 퍼뜨렸다.

새로운 시대정신은 이런 과정에서 꽃피웠다. 21세기에도 이와 같은 변화가 일어나서 인간성 회복이 이루어지기를 기대해본다.

이념
편향의
시대

강원룡 목사와 리영희 교수

　내가 인상적으로 본 현대 인물이 두 사람 있다. 강원룡 목사와 리영희 교수이다. 나이는 강원룡 목사가 열두 살 더 많다. 두 사람 모두 북한에서 태어나 만주와 일본에서 공부한 뒤 대한민국에 정착하면서 6·25 전쟁 때 미군의 도움을 받았다는 공통점이 있다. 두 사람은 초기에는 반정부 운동을 했다. 하지만 강원룡 목사는 친미 반공주의자로서, 한국기독교협의회KNCC 회장으로서 우파적 길을 걸었다. 리영희 교수는 6·25 전쟁 중 미군들의 보호와 지원을 많이 받았지만, 평생 반미 친중 노선을 걸으면서 오늘날 좌파의 대부가 되었다. 그의 저서 『전환 시대의 논리』는 좌파의 바이블로 읽히고 있다.

나는 이 두 사람의 자서전을 같은 비중을 두고 읽고 난 뒤 혼란에 빠졌다. 비슷한 환경에서 자라서 비슷한 학업 과정을 거치고 6·25 전쟁에서 미국의 수혜를 같이 누린 두 사람의 이후 진로가 극과 극으로 다른 이유는 무엇일까?

특히 리영희 교수가 자신에게 큰 혜택을 준 미국에 적대적인 노선을 선택한 과정은 아직도 이해하기 힘들다. 그래서 나름대로 결론을 내렸다. 인간성이나 성격, 가치관은 타고난 것이지 후천적으로 형성되지 않는다는 것이다. 자식들을 키우면서 그런 생각이 더 깊어졌다. 똑같은 환경에서 똑같은 사랑을 받은 자식들의 성향이 판이한 것이 놀랍다. 같은 식탁에서 같은 음식을 먹으며 컸는데, 식성조차 다르다. 성격도 한 명은 외향적이고 한 명은 내성적이다.

화합의 길

우리나라는 이념 대립이 심각하다. 이것이 국가·사회적 불치병처럼 국민 화합을 방해하는 요소가 되었다. 그런데 미국 등 다른 나라들도 사정은 마찬가지다. 각 나라의 대통령 선거 등을 보면 이 사실을 알 수 있다.

여론조사 결과를 보면 정부의 실정이나 경제 상황의 변동이 큰 영향을 끼치지 않음을 알 수 있다. 지지하는 집단의 잘잘못을 고려하지 않고 이념적으로 선호하는 정치인과 집단을 무조건 지지하는 사람이 많다는 뜻이다.

왜 이런 현상이 빚어졌을까? 변화의 가능성은 없을까? 그냥 각자 타고난 성향대로 살아가는 게 정답일까? 나는 본질적인 면에서는 이념에 치우침 없이 뜻을 모을 수 있어야 한다고 본다. 그래서 내로남불의 시대상이 안타깝다.

이념을 기준으로 자신이 선택한 정치인이나 정치 집단을 숭상만 할 것이 아니라 마음껏 의심할 수 있어야 한다. 또한 자유롭게 의사를 표현할 수 있어야 한다. 이렇게 사람이 출발점이 되어야 한다. 결국 사람이 답이다.

금기와
위반

위대함과 평범함의 차이

신화가 사라진 현대사회에서 영웅은 어떤 존재인가? 이와 관련한 유명한 우스갯소리가 있다. "영화배우 밥 호프Bob Hope가 죽은 뒤 우리 삶의 희망이 사라졌고, 가수 조니 캐시Johnny Cash가 사망하자 우리 주머니의 현금이 없어졌고, 애플의 창업자 스티브 잡스Steve Jobs가 암으로 세상을 떠난 뒤 세상의 많은 직업이 사라졌다." 말하자면 희망, 돈, 직업을 우리에게 제공하는 사람이 진정한 영웅인 세상이다.

보통 사람들은 영웅의 삶은 특별하리라고 여긴다. 그래서인지

위대한 인물의 전기는 비범한 이야기들로 가득하다. 그들이 보여준 영웅적 삶의 기준은 평범한 보통 사람들에게 적용될 수 없는 수준이다. 흉내조차 내지 못한다면 굳이 영웅을 존경하고 배우려 들 필요가 없다는 모순이 생긴다. 따라서 남다른 능력이나 노력은 영웅을 가려내는 기준이 아니라고 생각한다.

나는 위대한 사람과 보통 사람의 차이가 무엇인지를 찾고자 여러 각도에서 분석해보았다. 그 결과 위대한 이들은 금기와 위반의 경계를 절묘하게 넘나들면서 새로운 가치를 창조한 사람이라는 내 나름의 결론에 도달했다. 영화 〈아바타〉를 감독한 거장 제임스 카메론은 웨이트리스와 결혼한 후 트럭 기사를 하며 생계를 이어갔다. 영화배우 해리슨 포드는 10년간 목수로 일했었다. 두 사람이 각각 영화감독이나 영화배우의 길을 선택한 것은 무모하고, 심지어 무책임하게 느껴졌을지도 모른다. 하지만 수많은 위인이 가족과 친구의 만류를 뿌리쳤다. 주위 사람들이 반대하는 길로 들어서서 위대한 업적을 보여주었다.

애플, 마이크로소프트, 페이스북. 4차 산업혁명 시대의 선두를 차지한 세계 최고의 기업들이다. 이들 기업을 창업한 스티브 잡스, 빌 게이츠, 마크 저커버그에게는 공통점이 하나 있다. 모두 대학 중퇴자이다. 특히 빌 게이츠와 마크 저커버그는 모든 사람이 선망하는 하버드대학을 스스로 그만두었다. 이들은 왜 자퇴를 선택했을까? 그들은 지켜야 할 금기를 위반한 것일까?

금기의 신, 위반의 야수

모든 사람에게 세상의 중심은 자기 가슴이다. 자기 가슴이 시키는 대로 행동하는 존재가 인간이다. 세상의 모든 사람은 자신의 운명이 우연한 기회에 역전되리라 믿으며 살아간다.

이런 뜻에서 모든 사람은 백마 탄 왕자, 잘생긴 총각 사냥꾼, 숲속의 잠자는 미녀 등을 기다리는 산골 외딴집 처녀나 노총각 나무꾼과 같다. 거친 밭을 일구며 근근이 살아가는 산골 외딴집 처녀나 나무를 베어 팔아 생계를 꾸리는 노총각 나무꾼은 착하고 어리석다. 착해서 어리석고 어리석어서 착하다. 하지만 본능은 그 착하고 어리석은 이들이 언제나 착하고 어리석은 상태에 머물게 하지 않는다. 나이가 차면 이들의 몸속에서 동물이 잠을 깬다. 동물은 자연스럽기는 하지만 착하지는 않다.

우리 삶에는 해야 할 일과 하지 않아야 할 일, 할 수 있는 일과 할 수 없는 일이 있다. 해야 할 일을 하는 것과 하지 않아야 할 일을 하지 않는 것은 타당하다. 해야 할 일을 하지 않거나 할 수 있는 일을 하지 않는 것은 부도덕하다. 하지 않아야 할 일을 하거나 할 수 없는 일을 하는 것은 비인간적이다. 부도덕하거나 비인간적이지 않기 위해서는 할 수 있는 일과 할 수 없는 일을 잘 구분해야 한다. 그리고 그 후에는 할 수 있는 일을 해야 하고, 할 수 없는 일을 하지 않아야 한다. 이것이 상식과 규범, 통념이 알려주는 바이다.

그러나 우리가 위인이나 영웅들의 삶에서 보듯, 더 위대하고 더 아름답고자 하는 이에게 범하지 못할 법칙은 세상에 없다. 규범이나 통념에만 얽매였다면 아직도 아메리카 대륙은 발견되지 않았을지 모른다. 리빙스턴이라는 사람이 짐바브웨에 도착하여 아프리카를 개척하는 일도 일어나지 않았을 수 있다. 우리가 다윈의 진화론도 모르고 살아가게 되었을 수도 있다.

금기의 위반은 한계의 극복이자 인식의 확장을 의미한다. 따라서 "아니다"라고 말할 수 있는 위대한 부정否定을 통해 도덕이나 관습으로부터 자유로울 수 있는 게 아닐까? 틀에 매인 인간은 함부로 길을 나서보지도, 길 너머를 그리워하는 죄를 지어보지도 못한다. 금기에 대한 위반이 없는 삶이란 『그리스인 조르바』의 주인공 조르바의 말처럼 "박테리아 한 마리 없는 완벽한 증류수이지만 영양분 역시 하나도 없는 물"과 같은 것이기 때문이다. 그리고 길 너머를 그리워한 사람만이 영웅이 될지도 모른다. 영웅이란 이곳이 아닌 저곳, 현실이 아닌 이상을 꿈꾸는 사람일 수도 있다.

금기가 존재하는 이유는 위반하는 사람이 있기 때문이다. 위반을 통해 금기의 존재가 확인된다. 위반에 따르는 고통과 두려움이 삶의 본질에 대해 들쑤시게 되고 파헤치게 만든다. 그러나 금기는 위반을 허락할 수 있을 만큼 강한 것인지도 모른다. 금기의 신과 위반의 야수가 함께 살아가는 것이 인간 세상인 것 같다.

2021년 2월 미얀마에서 군사 쿠데타가 일어나서 아웅 산 수 치

여사가 또 감금되었다. 이 소식을 접하며 성공하면 혁명, 실패하면 쿠데타라는 말이 새삼 떠올랐다.

인간은 과연 금기의 신인가, 아니면 위반의 야수인가? 혹은 허약한 신이기도 하고 숭고한 야수이기도 한가? 정답은 없고 각각의 대답만 난무하는 세상이다.

인간이 만든 위대한 예술품도 상반된 것들이 만나서 조화를 이룬다. 비슷하거나 같은 것들이 만나서 위대한 작품이 만들어진 경우는 없다. 『삼국사기』「백제본기」에 "검이불루儉而不陋 화이불치華而不侈"라는 표현이 나온다. 검소하지만 누추하지 않고 화려하지만 사치스럽지 않다는 뜻이다. 우리 삶에 적용할 멋진 경지라고 생각한다.

고귀한 단순함과 조용한 위대함! 이런 삶을 살고 싶다.

장밋빛 청춘

"석가는 무엇을 위하여 설산雪山에서 고행苦行을 하였으며, 예수
는 무엇을 위하여 광야曠野에서 방황하였으며, 공자는 무엇을 위하
여 천하를 철환轍環하였는가?"

인생의 진로를 고민하던 질풍노도의 시기에 읽었던 민태원의
「청춘 예찬」 중 한 구절이다. 이 짧은 문장은 가슴속 깊이 새겨졌
고 수십 년 세월 동안 두고두고 곱씹게 되었다.

석가, 예수, 공자는 대중에게 밝은 길을 찾아주겠다는 이상을
품었기 때문에 고행하고 방황하고 주유하였다. 이상이야말로 위대
한 사람의 행로를 이끄는 나침반과 같다. 그런데 이 이상은 청춘의
특권이 아닌가. 이상을 품을 수 있기에 청춘이 아름답다.

고등학교 시절, TV 뉴스에서 유력 인사들이 비행기를 타고 내리
는 장면을 볼 때마다 '나도 나중에 비행기를 타고 외국 여행을 하
면서 대한민국의 국위를 선양하고 국력을 키우는 데 보탬이 되는
일을 해야지!'라는 이상을 품었다. 그리고 그 꿈을 이루기 위해 노

력하였다.

나는 매우 운이 좋았고 이상을 이룰 출발선에 설 수 있었다. LG 전자(당시 금성사) 해외영업부에 입사했다. 그리고 19년간의 해외 주재 근무 기간을 포함하여 38년간의 직장 생활을 주로 해외 사업 분야에서 하였다. 해외여행 항공 마일리지가 600만 마일이 넘고, 방문한 국가가 150개국이 넘는다. 가보지 않은 나라는 손에 꼽을 정도다. 수없이 많은 해외 시장을 개척하고 외국 소비자들과 유통업체들을 만나서 우리 회사 제품을 소개하고 판매하면서 LG가 일류 브랜드의 반열에 들어서는 데 이바지했다. 이로써 한국 경제 성장에 한몫을 담당했다고 자부한다. 그리고 대한민국 국가 이미지를 올리는 데에도 내 나름의 역할을 했다고 믿는다. 고등학교 시절 품었던 장밋빛 꿈을 이루었으니 성공한 삶을 살았다고 평가할 수도 있을 것이다.

그런데 수십 년 해외 경험의 가장 큰 소득은 동서양의 차이, 종족의 차이, 선진국과 후진국의 차이, 종교적 차이, 문화적 차이, 지리적 환경의 차이점들을 직접 눈으로 보고 귀로 듣고 그들과 상호 소통하면서 깨우친 것이다. 본질적으로 다른 것과 같은 것에 대한 통찰력이 생기면서 사물을 인식할 때 이면의 본질에 대해 균형 감각을 갖고 이해할 수 있는 역량이 조금 쌓였다는 것이다.

남들이 보기에 화려하고 부러움의 대상이 되는 경험들도 일일이 열거하기 힘들 정도다. 빌 클린턴 대통령이 소속된 자선단체

12인 임원 중 한 명으로 선임되어 함께 나란히 화보에 실리는 영광을 맛본 적도 있다. 미국과 유럽 대륙으로 오가며 격년제로 열리는, 이른바 '골프의 올림픽' 라이더스컵 골프 대회 호스트 GM의 초청으로 참관하여 부시(아버지) 대통령을 만나 대화를 주고받으며 그의 친필 사인을 받고, 존 메이저 영국 총리와 인사를 나누기도 하였다.

요르단 압둘라 국왕과의 면담 장면이 요르단 주요 언론에 톱기사로 보도되기도 했다. 요르단 사해 마라톤 대회에 출전하여 42.195km를 완주한 뒤 왕세자와 만찬을 함께 했던 기억이 아직도 생생하다. 사해 마라톤은 그 코스가 험난하기로 악명이 높다. 대회 스폰서로 시상만 하다가 "직접 한번 뛰어보라"는 고객들의 권유에 못 이겨 무모한 도전에 나섰다. "직접 참가하여 풀코스를 완주하겠다"는 고객과의 약속을 지키기 위해 사서 고생을 했지만, 평생 잊을 수 없는 추억거리를 만든 셈이다.

이렇듯 화려한 경험들은 그 당시에는 무척 감격스러운 것이었다. 하지만 세월이 흘러 은퇴한 뒤 지나온 날을 되돌아보면서 그보다 더 소중한 것들이 평범함 속에 묻혀 있음을 발견하게 되었다. 함께 일하고 생활하면서 친밀하게 지냈던 보통 사람들, 그중에서도 특별히 깊은 인간적 유대감을 공유했던 몇몇 사람과의 아련하면서도 아름다운 추억이 가슴을 뭉클하게 적신다. 그들의 근황이 궁금해지고 그들이 살고 있는 그곳으로 추억 여행을 떠나고 싶어진다.

얼마 전, 인도 근무 시절 내 차를 운전했던 운전기사의 딸이 결혼한다는 소식을 접했다. 과거의 고마움에 보답도 할 겸 가난한 인도인들에게는 넉넉하게 느껴질 정도의 축의금을 전달했다. 그리고 "감동스러울 정도로 고맙다"는 답신을 받았다. 성실하며 영민했고 인상 좋은 그 기사의 모습을 그리면서 잠시 추억 속에 잠겼었다.

LG전자 덕분에 이처럼 남다른 경험을 할 수 있었고 소중한 추억들을 간직할 수 있게 되었다고 생각하며 LG전자에 무한한 고마움을 느낀다. 은퇴 후 2년간의 상근 자문 기간까지 포함하면 40년을 LG전자를 위해서 헌신적으로 열정적으로 근무했다. 영광과 보상도 넘치게 받았다. 남은 삶도 40년 몸 바쳐 일한 LG전자의 발전과 영광을 위해서 내가 할 수 있는 일을 끝까지 찾아서 해야겠다고 결심해본다. 코로나19가 잠잠해지고 자유로운 해외여행이 재개되면 내가 근무했던 지역과 나의 추억이 만들어졌던 곳으로 추억여행을 떠날 계획이다.

나의 몸에 국경은 없다

1판 1쇄 발행 2021년 10월 11일
1판 2쇄 발행 2022년 1월 24일

지은이 김기완

펴낸이 최준석
펴낸곳 한스컨텐츠
주소 경기도 고양시 일산서구 강선로 49, 404호
전화 031-927-9279 **팩스** 02-2179-8103
출판신고번호 제2019-000060호 **신고일자** 2019년 4월 15일

ISBN 979-11-91250-02-2 03320